行政書士のための

「高い受任率」と
「満足行く報酬」を
実現する心得と技

依頼者が納得して
行政書士が満足できる
報酬の条件

行政書士

竹内 豊 著

税務経理協会

はじめに

　本書の目的は，「高い受任率」と「満足行く報酬」を実現するための「心得」と「技」を読者に提示することである[注1]。

　行政書士の報酬額は，各々の行政書士が自由に定めることができる[注2]。しかし，行政書士が業として行うことができる業務範囲は広い，しかも同一分野の業務でも案件の一つひとつの難易度と業務量は異なる。そのため，「報酬額をどのようにして決めたらよいかわからない」という声をよく耳にする。

　行政書士の多くは，「報酬額統計」[注3]や「同業者のホームページ」を参考に報酬額を決めている。その結果，次のような失敗に陥ってしまう者が後を絶たない。

・相談者が見積の金額に「高いのではないか…」と不信感を抱く。

・相談者が相見積を取って，「他はもっと安く受けている」と値下げを要求される。

・挙句の果てに無料相談で終わってしまう（→低い受任率）。

・受任できても業務の難易度・量に見合わない金額で受任してしまう（→不本意な報酬）。

　そうなると，「低い受任率」と「不本意な報酬」によって，利益が出にくい経営状況に陥ってしまう。

　一方，次のような者もいる。

・相談者が見積の金額に「この金額であれば妥当であろう」「この金額なら割安」と納得感を得る。

> ・たいてい見積どおりの金額で受任できる。
> ・相見積を取られて他の者より金額が高くても受任できる。
> ・相談を受けたほとんどの案件を受任する（→高い受任率）。
> ・業務の難易度・量に見合う金額で受任できる（→満足行く報酬）。

　本書は，受任率が低く不本意な報酬に止まる「失敗事例」と受任率が高く満足行く報酬を得る「成功事例」を業務の流れ（＝7つのプロセス）に沿いながら比較・検証することによって，高い受任率と満足行く報酬を実現するための「心得」と「技」の解明を試みた。そのため，ぜひ冒頭から順を追って読んでいただきたい。

　士業の業界でマーケティング（集客）をテーマにした本は散見する。しかし，受任率と報酬に真正面からアプローチした本は今までおそらくなかったと思う。また，本書は私自身の約30年の仕事経験（前職での13年間の百貨店外商での営業経験と18年間の行政書士の実務経験）ですべて転びながら得た経験知に因るところも大きい。そのため，いろいろなご意見があるかと思う。著者としては，拙著が受任率と報酬について士業が改めて考える試金石となれば幸甚である。

　本書が提示する「心得」と「技」が読者の成功をアシストできれば，著者の望外の喜びである。

　前述のとおり，本書は前例がほとんどない分野にチャレンジしたため，構想を練ってはやり直すの繰り返しの日々が続いた。気が付けば，脱稿までに3年の月日を要してしまった。この間，今まで以上に辛抱強くお付き合いいただいた税務経理協会編集部の小林規明氏に感謝の意を表したい。

令和2年4月

行政書士　竹内豊

（注1）本書では，「失敗」を「自分本位の思考によって，低い受任率と不本意な報酬しか得られず，利益を生み出すことが困難な状況（負のスパイラル）に陥ってしまうこと」と定義する。

　一方，「成功」を「顧客価値（顧客にとっての価値）を実現することにより，高い受任率と満足行く報酬の実現を核として長期間にわたる利益（長期利益）を生み出すこと」と定義する。

（注2）（注3）平成11年（1999年）行政書士法改正以前は，行政書士の受ける報酬について行政書士会の会則に，また行政書士の受ける報酬の基準について日本行政書士会連合会の会則に，それぞれ規定することとされていたが，規制緩和推進3か年計画（平成10年3月31日閣議決定）の指南等を踏まえ，同改正において，行政書士の受ける報酬については，それぞれの会則の記載事項から除くこととされた（行政書士法第16条及び第18条の2参照）。

　一方，報酬について何らの情報提供が行われないときは，行政書士の提示する報酬額を依頼者が客観的に評価することができなくなるおそれがあること等から，平成11年度改正において，行政書士会及び日本行政書士会連合会が報酬について情報提供を行うよう努めなければならない旨の規定が設けられた（同法第10条の2第2項）。この規定に基づき，現在，行政書士会及び日本行政書士会連合会においては，行政書士の受ける報酬に関する統計を作成し，これを公表している（以上引用『詳解行政書士法〜第4次改訂版』地方自治制度研究会・ぎょうせい135頁）。

CONTENTS

はじめに

◎本書の目的
◎本書の俯瞰図

第Ⅲ部　成功を導く「心得」を知る
「顧客価値」を知る

第Ⅳ部　成功の「技」を知る

付録　高い受任率と満足行く報酬を実現する「資料」

おわりに　〜「好き」を仕事にする〜

◎本書の目的

　本書の目的は，成功するための要因の一つである，受任率をアップして満足行く報酬を得るための「心得」と「技」を導いて読者に提示することである。

◎本書の俯瞰図

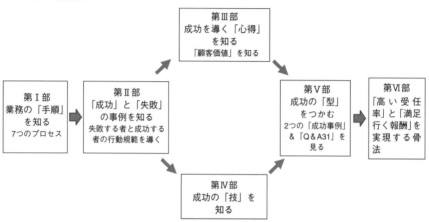

第Ⅰ部では，業務を俯瞰する能力を養うために，全ての業務に通底する業務の手順（＝「7つのプロセス」）を確認する。第Ⅱ部では，成功事例と失敗事例を第Ⅰ部で確認した「7つのプロセス」に沿ってみてみる。そのうえで，第Ⅱ部でみた成功事例と失敗事例から，第Ⅲ部では成功の「心得」を，第Ⅳ部では成功の「技」をそれぞれ導く。第Ⅴ部では，第Ⅲ部・Ⅳ部で導いた成功の心得と技を，実務で実際に使いこなせるようにするために，成功事例とQ&Aをみることで脳にインプットする。最終章の第Ⅵ部では，本書のまとめとして，高い受任率と満足行く報酬を実現する「骨法10カ条」を紹介する。

◎本書の読み方

　高い受任率と満足行く報酬を実現するには，相談内容を解決するために「業務着手から完了まで」を瞬時に見通す力，すなわち「俯瞰力」が重要になる。そこで，本書は，「物事が起きる順序」に沿って，可能な限り忠実に書かれている。ぜひ，「物語」を読む感覚で始めから順を追って読んでいただきたい。また，筆者が現に実務で使用している資料を「現物資料」として掲載した。読者の実情に合わせて改良等してご活用いただきたい。

第 I 部

業務の「手順」を知る

7つのプロセス

本書は，読者が本書の内容を実務で実践しやすくするために，可能な限り「業務の手順」に則って解説している。

そこで，第Ⅰ部では本書を十分に理解するために，行政書士が取り扱うすべての業務に通底する業務手順（＝「7つのプロセス」）を俯瞰する。

【図表1】第Ⅰ部の俯瞰図

第1章　全業務に通底する「7つのプロセス」		第2章　プロセス各論

この「7つのプロセス」を意識することが，受任率アップと満足行く報酬を実現する第一歩となる。

第1章 全業務に通底する「7つのプロセス」

　まず，行政書士が取り扱うすべての業務に通底する業務手順である「7つの
プロセス」を俯瞰する。

1-1 「7つのプロセス」を俯瞰する

　行政書士の業務は，官公署に提出する書類その他権利義務または事実証明に
関する書類の作成，相談，書類の提出代理等に及ぶ（行政書士法1条の2・1条の
3）。

　このように，行政書士の業務範囲は広範囲に及ぶが，業務遂行のプロセス
は，業務の種別を問わず，原則として次表（【図表2】）に提示する「7つのプロ
セス」に則って進行する。

　本書は，内容を実務で実践しやすくするため，「7つのプロセス」に沿って書
かれている。本書を順に読み進めれば，「7つのプロセス」を意識して業務に臨
むことが，高い受任率と満足行く報酬を実現する基盤であることが実感できる
であろう。では，早速「7つのプロセス」を俯瞰してみることにしよう。

【図表2】7つのプロセス

行政書士の業務範囲は広範囲に及ぶが，業務遂行のプロセスは，業務の種別を問わず，原則として以下に示す「7つのプロセス」に則って進行する。

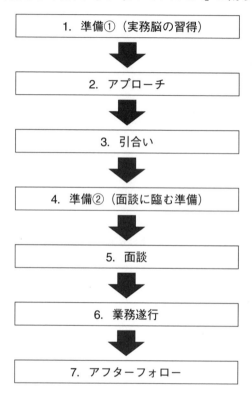

第2章 プロセス各論〜各プロセスの役割

次に，各プロセスの定義と役割を確認してみる。

2-1　準備①（実務脳の習得）

「準備①」は，取り扱う業務の専門レベルの知識を習得する場である。

「準備①」の役割は，取り扱う業務を速やかに遂行するために必要な専門知識，すなわち「実務脳」を習得して「高い受任率と満足行く報酬」を実現する基盤を構築することである。

2-2　アプローチ

「アプローチ」は，ターゲット顧客（＝「準備①」で習得した専門知識を必要とするに違いない者）に対して，自分の存在をアピールする場である。

「アプローチ」の役割は，自分をターゲット顧客が，「いざ！」というときに，真っ先に頭に浮かぶ存在にすることである。この，「いざ！」というときにターゲット顧客の頭に真っ先に浮かぶ存在にする施策を「脳のSEO対策」という。

2-3　引合い

「引合い」は，ターゲット顧客から相談のオファー（＝申込み）を受ける場である。

「引合い」の役割は，「ターゲット顧客」を「相談者」に変えることである。つまり，アプローチで開拓したターゲット顧客を面談のステージへ引き上げることである。

　また，引合いには，面談を効率的・効果的に行うために必要な情報をターゲット顧客から収集する役割もある。

2-4　準備②（面談に臨む準備）

　「準備②」は，相談希望者の実情に応じた面談を実施するための準備の場である。

　「準備②」の役割は，受任して満足行く報酬を得るための準備の場ともいえる。

2-5　面談

　「面談」は，相談者との実質的なファーストコンタクトの場である。

　「面談」の役割は，「相談者」を「依頼者」に変えることである。面談の内容次第で，受任できる・できない，報酬が不本意なものになるか満足行くものになるか，受任後の業務が遅滞するか速やかに遂行するか，業際問題に抵触するか予防できるか等の重要な事項が決まる。

　このように面談は，「7つのプロセス」の中核となる場である。

2-6　業務遂行

　「業務遂行」は，受任から業務完了（報酬の受領を含む）までの一連の流れの場である。

　「業務遂行」の役割は，依頼者が抱えている先の見えない切実な悩みを，実務脳を駆使して速やかに解消することである。

2-7　アフターフォロー

　「アフターフォロー」は，業務が完遂した後に依頼者と継続的にコンタクト

を取る場である。

　「アフターフォロー」の役割は，既存依頼者（＝業務が完了した依頼者）をリピーターやキーマンに変えることで継続的に利益を生み出す基盤の構築である。

第II部

「失敗」と「成功」の
事例を知る

失敗する者と成功する者の行動規範を導く

「失敗事例」すなわち「低い受任率と不本意な報酬」によって"負のスパイラル"に陥ってしまう者と，「成功事例」すなわち「高い受任率と満足行く報酬」を実現して長期利益を生み出す者の事例を，それぞれ「7つのプロセス」に沿って見る。

　また，「失敗する者」と「成功する者」を「アプローチ」「引合い」「面談」「業務遂行」「アフターフォロー」のそれぞれ4つの場面ごとに顧客の立場から評価してみる。

　以上，第Ⅱ部では，「失敗する者」と「成功する者」の事例と顧客からの声（＝評価）を比較・検証することで，「失敗する者」と「成功する者」それぞれに根差す行動規範を導く。

▌【図表3】第Ⅱ部の俯瞰図

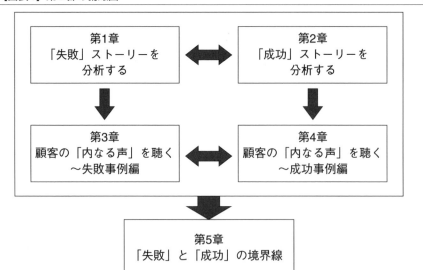

第1章 「失敗」ストーリーを分析する

　まず，遺産分割の業務を受任したＦ山先生の失敗事例を「７つのプロセス」に沿ってみてみる。次に各プロセスごとに内容を分析する。

 Story 01　Ｆ山行政書士の失敗ストーリー

1　準備①（実務脳の習得）

　超高齢化社会を迎えた現在において，遺言作成と相続手続業務の需要が高くなることは明らかである。このことは，次の内閣府が発表した以下の「平成30年版高齢社会白書」でも明らかである。

> 　我が国の総人口は平成29（2017）年10月1日現在1億2,671万人。65歳以上の人口は3,515万人。総人口に占める65歳以上の割合（高齢化率）は27.7％である。
>
> 　そして，総人口が減少する中で，高齢化率は上昇する。65歳以上人口は「団塊の世代」（昭和22（1947）年〜昭和24（1949）年に生まれた人）が65歳以上となった平成27（2015）年に3387万人となり，その後も増加の傾向。
>
> 　2042年に3,935万人でピークを迎え，その後は減少に転じるが高齢化率は上昇傾向にあると推計される。
>
> 　2065年には，約2.6人に1人が65歳以上，約3.9人に1人が75歳以上。

　このように高齢者は増える一方である。当然高齢者を対象としたビジネスチャンスは増える（そして，儲かるハズ）。そこで，「遺言・相続手続業務」を専門分野にすることにした。

　支部会で知り合った行政書士の先輩や異業種交流会で名刺交換をしたマーケティングのコンサルタントから，「まずは仕事を取ること。取ってしまえばなんとかなる！」と力強いアドバイスをもらった。全くそのとおりだと思う。

　行政書士試験で遺言・相続は勉強したから受任しても何とかなるだろう。し

かし，念のため『3時間でわかる遺言と相続』という本を読んでおこう。あとは同業者や弁護士，司法書士のホームページを見ておこう。仕事を取るためにはとにかく頑張らなくてはだめだ。

2　アプローチ

　ホームページを立ち上げることにした。遺言書の作成方法や遺産分割の進め方が掲載されていた士業のホームページを適当にコピペして体裁を整えた。

　『10日でもうかる営業の極意』という本を読んでマーケティングを勉強した。やはり知られなくては始まらない。そこで，次に地元の広告代理店にフリーペーパーの広告掲載を申し込んだ（発行部数20万部）。また，「市報」の広告欄にも事務所の広告を載せることにした（「遺言の書き方無料セミナー」の案内を掲載）。市報は市の全世帯に配布される。加えて，市内の公共施設や駅にも置かれる（発行部数10万部）。さらに，折込チラシを2千枚発注した。これは，事務所の近所のポストに投げ込もう。以上で約30万部も配布するのだ。1千件に1件の依頼としても30件も受任できる計算だ。忙しくなること間違いない！

3　引合い

　ホームページを立ち上げて，フリーペーパーと市報を合わせて30万部も配布した。折込チラシ2千枚も10日間かけてほぼ配り終えた。そして，市報に掲載した無料セミナーには10名が参加した。

　しかし，なかなか問い合わせが来ない…。

　すると，突然電話が鳴った。

　夫が亡くなったという夫人からのものだった。

　夫人は「市報の広告を見たのですが，ちょっとお聞きしてもよろしいですか」と言った。私が「どうぞ」と言った後に，口を挟む余地もなく30分も一方的に話されてしまった。なにやら相当困っているようだ。とりあえず，相続人は夫人と子ども二人ということはわかった。

　すぐに面談するには自信がないので，勉強する日数を稼ぐために10日後に会う約束をした。

4 準備② (面談に臨む準備)

　まず，買っていた『3時間でわかる遺言と相続』(実は，まだ読んでいなかった)を一通り読んだ。それから，行政書士や他士業のホームページを見てみた。面談でわからないことがあれば，面談の後でこの前支部会で知り合った先輩行政書士を頼れば何とかなるだろう(「何でも聞いていいよ」と言っていたし)。報酬は，他の行政書士のホームページと日本行政書士会連合会が公表している「報酬額統計」を見てみた。しかし，金額に幅がありすぎて余計にわからなくなってしまった…。

5 面談

　事務所に来るなり夫人は電話と同じように堰を切って話し出した。

　「銀行に行ったら『戸籍を全部揃えないと手続きができない』と言われた。どうしたらよいか」

　「(亡夫の)預貯金の払戻しができなくなってしまった。このままだと葬儀費用の支払いに困る。なんとかならないか」

　「長男は仕事で海外赴任しているし長女は子育てで忙しくて二人とも当てにならない」

　「夫が生前『遺言を残した』ということを言ったような気がするけど，家中探しても見つからない」

　「先生にお願いすると何をしてもらえるのか」

　などなど不安気な表情で矢継ぎ早に質問をまくし立ててきた。

　なんとか要点をメモした。そこで「頂いたご質問についてはお調べしたうえでお答えします。あいにくと予定が詰まっていまして(本当はそのような状況ではないが…)10日ほどお時間を下さい。調べ終わったらご連絡差し上げます」と伝えた。

　すると相談者は「10日もかかるのですか…」と落胆した表情を見せた。そして，「ところで(依頼したら)いくらかかるのでしょうか」と質問した。正直なところ報酬まで考えていなかったので，「お見積りは次回お会いするときにお出しします」と答えるに止めた。

　そして，相談者は「では，よろしくお願いします」と言って事務所を出て行った。こうして何とか面談の場を切り抜けることができた。

面談から次回の打合せまで

　それから，次の面談予定までの10日間，まずはインターネットで情報を収集した。実務書も購入したが難解で手に負えなかった（買わなければよかった…）。

　見積は，日本行政書士会連合会がホームページに掲載している「報酬額統計調査の結果」を参考にすることにした。それを見ると「遺産分割協議書の作成」では，平均59,807円，最小値3,000円，最大値810,000円となっていた。いったいこの金額の幅は何なのか。余計わからなくなってしまった。

　また，同業者のホームページをいくつも見たが，「1万円～」「5万円～」「10万円～」「50万円～」などさまざまで益々わからなくなってしまった。

　結局，自分でもよくわからないまま，「遺産分割協議・一式・10万円」としてみた。

※以下，受任不成立と受任をしたケースに分かれる。

【受任不成立のケース】

　なんとか準備をして，約束の10日が近づいてきたので相談者の携帯に電話をしてみた。留守番電話になったので，「面談の準備が整いましたのでお電話ください」とメッセージを残した。しかし，3日経っても返事が来ない…。そして4日後にやっとつながった。すると相談者は「すいませんけど，他の先生にお願いして進めてもらっています。その節はどうもありがとうございました」といって一方的に電話を切られてしまった。

※以上で終了

【受任のケース】

　約束の10日が近づいてきたので相談者の携帯に電話をしてみた。相談者は何かと忙しいようで，7日後（最初の電話を頂いてからちょうど1か月後）に打

合せをすることが決まった。

打合せ当日

　まず，「遺産分割協議・一式・10万円」という内容の見積を提示した（次頁【現物資料1】参照）。

　すると，「他の先生のホームページでは，もっとお安いお値段が出ていますけど…」と暗に値下げを要求されてしまった。しかし，面談の話しを聞いた限りでは，面倒な手続きが待っていそうだったので「これでお願いできませんでしょうか」と告げると，「これですべてやって頂けるのですね」と念を押された。「はい，その他実費がかかりますけど…」と答えると「実費はおいくら位ですか」と質問されたので「2万円くらい」と適当に答えておいた。

　すると相談者は，「では，3つの銀行の払戻し手続きまでお願いします」と言った。私は遺産分割協議書の作成のみしか考えていなかったので，「すみませんが，遺産分割協議書の作成はしますけど，払戻し手続きまではちょっと…」と言うと，「でも，先生は今『全部する』とおっしゃいましたよね」と突っ込まれてしまった。

　結局，銀行の払戻し手続きまで行うことになってしまった。でも，受任できたのだからよしとしよう！（P156「第Ⅳ部2-1」参照）。

　そこで，依頼者に用意してもらう書類（戸籍謄本，不動産の全部事項証明書・固定資産税評価証明書等）のリスト（実務書からコピーしたもの）を手渡した。そして，依頼者が書類を集めている間に業務の手順を練ることにした。

【現物資料1】見積書（一括見積）

見　積　書

　〇〇　〇〇様

「遺産分割協議」について，下記のとおりお見積いたします。ご検討の程，よろしくお願いいたします。

手数料	￥100,000
消費税（10％）	￥10,000
立替金その他	￥0
見積金額合計	￥110,000

手数料

区　分	件名	手数料額（単価）	摘要（枚数等）	単位	金額
手数料	遺産分割協議	￥100,000	1	式	￥100,000
				①小計	￥100,000
				②消費税（10％）	￥10,000
				③合計（①＋②）	￥110,000

立替金その他【注】手数料

区分	件名	単価	摘要（枚数等）	単位	金額
			実費・立替金合計…B		￥0

【注】立替金等の実費は，業務完了時に清算させていただきます。

1. 業務内容：遺産分割協議に関する一切の業務

2020年〇月〇日

事務所　東京都千代田区飯田橋2丁目2番2号
富士見ビル101号室

電　　話　03-1234-5678
ファックス　03-1234-5679

Ｆ山行政書士事務所

行政書士　Ｆ山　次郎　㊞

6 業務遂行

　受任してから，金融機関の払戻し手続きに関する専門書をネットで発注した。しかし，届いた本は難解で十分理解できなかった。そこで，支部会で知り合った先輩行政書士に電話でアドバイスを求めてみた。すると「私の専門は建設業なんだよ。すまないけど，相続は専門外なんだ」と言われてしまった。他に頼む人も見当たらないので，仕方なく自分で調べてみることにした（こんなことなら，事前にもっと勉強しておけばよかった…）。

　依頼者に収集を頼んだ資料は1か月が経過しても一向に届かない。そこで，催促の電話をすると「なかなか思うように集まらなくて…。今日もこれから役所に行くんですよ」と答えた。こんなことなら初めから自分がやればよかった。待っていてもらちが明かないので，結局自分が集めることにした。予算が限られているが仕方ない。

　受任から2か月後，依頼者から「実は，遺品を整理していたら銀行の通帳が他に2通見つかりました」と連絡が入った。「追加（見つかった2通分）の払戻し手続きの費用は別途かかってしまいますけど…」と言いかけた瞬間，「全部やってくれるとおっしゃっていましたよね」と言われてしまった。仕方ないので引き受けることにした（結局，5行分の銀行手続を行うことになってしまった）。

　それから数日後，「そういえば，（亡夫の）遺言書の件はどうなりましたか？」と突然電話が入った。この件についてはすっかり失念していた。確か，「遺言検索システム」という制度があったはずだ。これについては調べてお答えすることにした。

　結局，この案件は想像以上に面倒で，最初に電話を頂いてから完了するまで10カ月を要してしまった。その間，依頼者からは「まだ払戻しがでないのですか？」と苛立った声で何度も催促の電話が入った。そして，「払戻しされないと困ります。いい加減にしてください！」と苦情も受けてしまった。

　また，報酬は半年を費やしてわずか10万円であった（業務完了後にやっと報酬が振り込まれた）。しかも，思った以上に経費がかさんで見積で提示した金額を大きく上回ってしまった。

> 　結局，宣伝をした結果，5件の問い合わせが入ったが，面談にこぎ着けたのはこの案件の他に2件，受任はこの1件のみに終わった。
>
> 　やはり，まだまだ営業が足りない。マーケティングを勉強してもっと頑張らなければ！
>
> **7　アフターフォロー**
>
> 　手続きが終わって半年が過ぎたころ，暑中見舞いを出したが夫人から反応はなかった。

1-1　準備①（実務脳の習得）

外的要因で取扱い業務を選択したため，専門性がなかなか身に付かない。

■1 取扱い業務の決め方

①　外的要因（「環境」と「数字」）を基準に決める

　「高齢化社会（＝環境）では，高齢者が増える（＝数字）から，相続業務の仕事が増える。だから，相続業務を取扱い業務にする」といったように，外的要因を基準に取扱い業務を決める。

②　頑張らないとできない

　さほど興味がないので「頑張らなくては！」と気合を入れないと何事も進まない。

■2 専門知識の習得方法

受任最優先の姿勢で業務の知識習得が疎かになる。

①　「根拠のない自信」と「顧客軽視」の考えに基づく

　「行政書士試験に合格した能力があるのだから実務でもなんとかなる」「仕事は取ればなんとかなる」といったような「根拠のない自信」と「顧客軽視」

の考えに基づいている。

②　断片的な知識の寄せ集めに止まる

　インターネットで調べたり「入門書」を読んだりした程度でわかったつもりになるなど，浅薄で断片的な知識の寄せ集めで良しとする「自己満足のレベル」に止まる。その結果，ターゲット顧客や相談者に対して，セミナーや面談の場で，相手（＝参加者や相談者）に満足させるレベルのパフォーマンスを提供できない。

③　知識の吸収に淡泊

　さほど興味があるわけではないので，深く学ぼうという気持ちが起きない。なんとか取り繕えればよいといったレベルに止まる。

④　行政書士法に対してノーマーク

　行政書士法への関心が希薄。

⑤　実務脳の刺激を怠る

　実践感覚を養うことなく，いきなり実務を行おうとする。

Column 1

アプローチ解禁のタイミング

　「準備の大切さはよくわかるのですが，どの程度まで準備をすればアプローチのステージ（P5「第Ⅰ部2-2」参照）に進んでもよいのでしょうか」という質問をよく受ける。

　確かに，準備は「これで終わり」ということがない。そうかといって，いつまでも準備で止まっているわけにもいかない。そこで，私はこの質問に，「『相談者に迷惑をかけない』と思えた時」と回答することにしている。

　さらに欲を言えばアプローチまでに，「相談者にダメ出しできる」程度のレベルまで知識を習得しておきたい。相談者は面談に訪れるまでにインターネット，書籍，セミナー等からさまざまな情報を収集してくる。その中には誤ったものもあるかもしれない。誤った情報はたいてい相談者にとって「都合のよいもの」である。そして，相談者はその誤った情報を根拠に，「許可は取れますよね」といったように言質を取るような尋ね方をしてくる。そのような情報に基づく認識に対して，面談の場で法に基づいて論理的に説明して，相談者に誤りを指摘できれば，相談者から「さすが専門家は違う！」と信頼を得ることができる。その結果，受任をグッと手繰り寄せることができるのである。

▌1-2　アプローチ

　闇雲に宣伝を打つ。しかし，「下手な鉄砲」は数を撃ってもまず当らない。内容も一方的で見る者の興味を惹かない。

■1 方法・基準
①　「他人」任せ

　ほとんどが"マーケティング本"やコンサルタントの言いなりのまま行う。その結果，陳腐な内容に止まる。

②　「数字」任せ

　"数字"を頼りに，チラシ，広報，フリーペーパー等に広告を乱発する。その結果，的外れでターゲット顧客に声がほとんど届かない。

■2 内容（セミナー）

　ネットで調べれば簡単にわかる程度の当たり前オンパレードで「さすが専門家！」といった話材が見当たらない。結局，参加者の興味を惹かない内に終わってしまう。

①　不特定多数に闇雲にアピールする

ターゲット顧客にほとんど届かない（下手な鉄砲，数を撃ってもまず当らない）。

②　内容が浅薄

当たり前の内容満載で見る者・聞く者の興味を惹かない。

1-3　引合い

知識が浅く，しかも準備不足のため，面談を効率よく行うための情報を的確に把握できない。その結果，面談まで日数を要してしまう。

■1 問題解決の要点

準備不足のため内容を理解することで精一杯。そのため的確に情報をつかめない。
①　言われるがままで逆質問できない
②　面談を効果的に行う情報を入手できない

■2 面談までに一定の日数を要する

準備不足のため知識を仕込むための時間稼ぎが必要。そのため，面談までに相当の日数を要してしまう。

■3 通話時間が長い

話しを仕切ることができないため，通話時間が無駄に長くなってしまう。

1-4　準備②（面談に臨む準備）

その場しのぎの準備しかしないため，専門家と呼ばれる知識レベルには程遠い状況で面談に臨むことになる。

◼1 内容

基本書や士業のホームページで確認する程度。

◼2 報酬

同業者および日本行政書士会連合会のホームページに掲載されている「報酬額」と「報酬額統計調査の結果」を参考にする程度。

▎1-5 面談

終始相談者の切迫した気迫に圧倒されてしまい，面談を仕切ることができない。悩みを解決するまでの道筋（＝ロードマップ）も見積も提示しない。当然受任は先送りとなってしまう。

その結果，相談者に再度打合せの時間を取ることを強いる。相談者の中には，「頼りない」とさっさと行政書士を見切って他の専門家にアプローチを始める者も出てくる。その結果，集客できても無料相談で終わってしまうケースがほとんどとなってしまう。

◼1 相談者主導

質問にしどろもどろで終始圧倒されっぱなしといった調子で，セミプロ化した相談者に対して防戦一方になってしまう。

◼2 ロードマップ（＝解決までの道筋）の提示

相談者が抱えている問題を速やかに解決する道筋を示すことができない。

◼3 コンサルティングセールス

質問に答えることで精一杯で，専門家ならではのプラスワンの提案を提示できない。

４ 業際の説明

業際についての説明は一切なし。

５ 報酬の決定

面談の場で見積を提示できない。そして，後日の打合せの場で「遺産分割協議・一式・〇万円」といったような「一括見積」を提示するが，値切られたり，厳しい条件を強いられたりしてしまう。

６ 受任

以上の結果，次回の打合せまで受任は見送りとなってしまう。

---

column 2

「また連絡します」はお断りの常套句

面談の場で受任できなかったということは，面談で相談者を魅了するパフォーマンスができなかったことを意味する。そして，面談の場で受任できなければ受任率は格段に落ちる。面談で受任できなかったときに，相談者から別れ際に「またご連絡します」という言葉をよく聞くが，真に受けない方がよい。たいてい連絡は来ない。「また連絡します」はお断りの常套句と考えておいた方がよいだろう。だからこそ，面談の場で受任することが大切になる。

1-6　業務遂行

運よく受任できても知識不足のため業務が思うように進まない。その結果，入金も見込みより遅れてしまう。また，業務遅滞が原因で依頼者からクレームを受けてトラブルに発展してしまうこともある。

❶ 業務遅滞に陥る

①　受任直後に着手できない

　準備不足の影響で，受任してから手順を調べる。そのため，受任直後直ちに業務に着手できない。

②　依頼者を動かす

　実務書のコピーに印を付けて「これ集めてください」といったように，依頼者を官公署に行かせるなどして書類を収集させる。

③　依頼者を放置する

　業務の進捗状況を適宜依頼者に報告しないため，依頼者は「何かよくないことが起きているのではないか」「(行政書士は) きちんと仕事をしているのだろうか」と不安を増幅し行政書士に対して不信感を募らす。

❷ 入金が遅れる

　業務遅滞の結果，入金が想定よりも遅れてしまう。

▶【図表4】準備不足が原因で業務遅滞を引き起こし懲戒処分を受けた事例

　準備不足による脆弱な実務脳のまま受任した結果，業務遅滞に陥り依頼者とトラブルになって処分を受けたと推測できる懲戒事例を紹介する。

No.	処分の内容	処分理由	処分の根拠
1	6か月の会員の権利の停止	F会員は，在留資格認定証明書交付申請の依頼を受け，依頼の翌月頃，東京入国管理局に申請書類を持ち込むも，申請書類の不備を理由に受理されなかった。その後，漫然と書類を放置して申請を行わなかったにもかかわらず，依頼者に対しては申請を行った旨の虚偽の説明を行った。係る行為はたとえ報酬を受領していなかったとしても，誠実な業務遂行・品位保持義務に違反するものであり，行政書士として到底許されるものではない。	行政書士法10・13条

2	3年間の会員権利の停止	F会員は，在留資格認定証明書交付申請手続を依頼され報酬を受領した。その後，申請していないにもかかわらず，依頼者へは「申請したが不交付であった」との偽りを伝え，その後の依頼者からの連絡に応じていなかった。弁明聴取の場において初めて申請手続自体行っていなかったと自白したが，上記の行いが行政書士法10条に違反することは明らかである。	行政書士法10条
3	廃業の勧告及び7年の会員の権利の停止	F会員は，以下2件の苦情を申し立てられた〈事案①〉申立人（＝依頼者）はF会員に産業廃棄物収集運搬事業変更手続と特別管理産業廃棄物収集運搬事業許可手続等を依頼し，報酬及び申請に係る実費を支払ったが，F会員は履行しなかった。その後，F会員は受取金を分割で返金することを約束したが，一度も支払わず，申立人との連絡を断った。〈事案②〉申立人は，F会員に会社変更登記を依頼し，社印を預け，費用を支払ったが，F会員は履行しなかった。その後，F会員は申立人との連絡を断ち，会社印も費用も返還していない。	行政書士法10・13条
4	廃業勧告及び7年の会員の権利の停止	F会員は，依頼者から在留資格変更許可申請を受任し報酬を受領したが，当該申請を行わず，虚偽の経過報告をして依頼者を欺罔した。そのため，依頼者の在留期限が徒過し，入管法違反（不法在留）に至っている。F会員には他に3件の苦情申し立てがなされている。うち1件は本件同様，F会員による不適切な対応及び虚偽の経過報告等により，依頼者が不法残留に至っており，申立人自身が新聞のコラムで被害を訴えている。F会員の上記行為は，重大な人権侵害であり，行政書士制度及び申請取次制度の根幹に関わる，決してあってはならない不当なもので，行政書士法10条に定める行政書士としての信用及び品位を害すべき行為に該当する。	行政書士法10・13条

5	訓告	特定活動から定住者への「在留資格変更許可申請」について，入国管理局係官から当該申請が難しいと言われ，また，自身の入院等の事情があったとはいえ，依頼者からの再三の問合せに十分な説明をすることなく，結果的に当該申請手続を1年以上も放置した。 このような事実は，行政書士の信用及び品位を害するものであり行政書士法10条に該当する。	行 政 書 士 法10条
6	6月の会員の権利の停止	F会員は，遺言執行者として遅滞なく「財産目録」を作成して受遺者に交付しなければならないにもかかわらず，大幅に遅れて交付した。 このことは，行政書士としての信用・品位を害する行為であって，行政書士法10条（行政書士の責務），同法13条（会則の遵守義務）および日本行政書士会連合会会則59条（責務）の規定に違反する。	・行政書士法10・13条 ・日行連会則59条
7	廃業勧告及び無制限の会員の権利の停止	F会員は，依頼者から報酬を受け取りながら，「運送事業許可申請」および会社設立の受託業務を行わなかった。しかも，依頼者へ返金の約束をするも履行せず，音信を絶ち，依頼者に多大な迷惑をかけ損害を与えた。 このような事実は，誠実に業務を行うべき行政書士の責務に違反しており，行政書士の信用および品位を害するものである。したがって，行政書士法10条（行政書士の責務）の規定に違反する。	行 政 書 士 法10条
8	廃業の勧告	F会員は，受任した内容証明の作成，送付および窓口代行業務を，書類の紛失を理由に業務の完了を大幅に遅滞したうえ，一部業務を完遂せず，依頼者に精神的苦痛を与えた。 F会員は，同様の業務遅滞を繰り返し行っており，このことは行政書士法10条（行政書士の責務），同法第13条（会則の遵守義務），行政書士法施行規則7条（業務取扱の順序及び迅速処理）に違反するものである。	・行政書士法10・13条 ・行政書士法施行規則7条

以上引用・参考：『月刊 日本行政』（日本行政書士会連合会）

column 3
面談の明暗〜行政書士は見た！ 売上500万円をふいにして顧問先まで失ったA税理士とそれを得たB税理士

　知人から「亡父の相続手続で相談をしたい」という電話が入った。そこで，2日後に知人宅で面談を行うことにした。

　面談当日，冒頭で知人は次のように私に連絡した経緯を話した。

　被相続人である知人の父親は会社を経営していた。そこで知人はまず顧問のA税理士に相談をした。すると，A税理士は次のような行動を取った。

> ・一日でも早く相談したいのに定期訪問日（相談をしてから2週間後）まで来なかった
> ・代表のA税理士は来訪せず，部下を寄越してきた。しかも話がかみ合わない
> ・専門書の写しを渡して「この書類を集めてください」で終わり
> ・先行き不透明で不安なのに業務完了までの道筋（＝ロードマップ）を提示しない
> ・費用の目安を提示しないので依頼のしようがない

　A税理士は「顧問先」ということで「どうせ受任できる」と高を括って緊張感が欠けていたのだろう。そこで業を煮やした知人は私に連絡を入れたのだった。経緯を聞いた私は，「私のパートナー税理士をセカンドオピニオンとして紹介しましょうか」と提言した。知人は，「ぜひお願いしたい」と即答した。私は知人の面前でパートナーのB税理士に電話をした。「私の知人で相続税について相談したい方がいる」と伝えると，B税理士は「お困りでしょうから早い方がいいですね」と言ってくれた。そして，その場で知人と電話を代わり，3日後に知人宅で会うことになった。

　約束の日時にB税理士と共に再び知人宅を訪ねた。すると，B税理士は次のような行動を取った。

> ・父を亡くした相談者に寄り添う温かみのある対応
>
> ・その場で会社の決算書等を見て具体的な提出書類の指示
>
> ・業務完了までの道筋（＝ロードマップ）の提示
>
> ・費用の目安を提示

　B税理士の人柄と仕事の姿勢を気に入った知人は，その場でB税理士に依頼をした。なお，私は遺産分割協議書の作成および金融機関の手続きを受任した。そして，相続手続に必要な「相続関係説明図」「財産目録」「遺産分割協議書」等の書類作成とこれら作成に必要となる印鑑登録証明書を除く戸籍謄本等の収集および銀行の払戻し手続きは，私（＝行政書士）が行うことにした。

　この案件は非常に難易度が高いものとなった。その結果，B税理士は報酬500万円と，亡父の会社を引き継ぐことになった知人からA税理士に代わって顧問契約も得たのだった。

　このように，正に面談の対応が明暗を分けた案件であった。

1-7　アフターフォロー

　そこまで気が回らない。たとえ行ったとしても，業務遅滞等で信用を失ってしまったので無視されるのが落ち。

①　実施しない

②　冷ややかな反応

　行政書士の仕事に対して不満なため，反応は冷ややか。

第2章 「成功」ストーリーを分析する

　次に，F山先生と同様に遺産分割の業務を受任したS川先生の成功事例を「7つのプロセス」に沿って見たうえで，各プロセスごとに内容を分析する。

Story 02　S川行政書士の成功ストーリー

1　準備①（実務脳の習得）

　行政書士を志した動機は，遺言・相続に関する仕事ができることを知ったからだ。もともと，私は歴史上の人物を調べることが好きでその延長線上に遺言と相続があった。なぜなら，遺言と相続は，遺言者や被相続人の人生が凝縮されているからだ。

　自分の好きなことを仕事にできて，しかも人の役に立てる遺言・相続業務を専門分野の一つにすることにもはや迷いはなかった。

　さて，行政書士試験には受かったものの，実務経験は全くなかった。それに，試験に合格した程度の知識では依頼者が抱える先の見えない切実な悩みを速やかに解決することは困難に違いない。そもそも，今の知識では受任もおぼつかないだろう。もし運よく受任できたとしても，現状の知識レベル受任したら思うように業務が進まず依頼者に迷惑をかけて，役に立つどころか不幸にしてしまうかもしれない。これは，「国民の利便に資する」ことを目的の一つとする行政書士が絶対に行ってはならないことだ。そうならないためにも開業前にしっかりとした「準備」が必要だ。

　そこでまず，民法の全体像を復習するために基本書（＝大学の法学部の学生が教科書として使用している法学者が書いた本）を精読した。次に，大型書店で遺言・相続に関する評判が高い実務書（＝実務の手順が書かれている実務家が書いた本）を購入して読み込んだ。その上で，「判例集」で実務の感覚を養った。

　また，「裁判所」と「法務省」のホームページは法改正などの最新情報も含めて民法がわかりやすく解説しているのでとても勉強になった。何より誤りがないのがいい。一方，行政書士をはじめとした士業のホームページは，一般的に情報が古いなど内容の信ぴょう性が低いものが目に付いた。ホームページで最新情報を継続的にアップすることで差別化できると感じた。

　さて，忘れてはならないのが「行政書士法」だ。以前，行政書士法は試験科目に入っていたが平成17年（2005年）以降は除かれてしまっている。自分がこれから仕事にしようとしている法律を知らないで業務を行うのは，交通規則を知らないで車で公道を走るようなものだ。

　行政書士法を学ぶと次のことがわかってきた。行政書士の業務範囲は広い。ただ，もちろん「何でもできる」わけではない。他士業との業際は順守しなければならない。つまり，「他の法律においてその業務を行うことが制限されている事項」については業務として行ってはならないのだ（行政書士法1条の2第2項・1条の3第1項ただし書き）。この，業際問題で毎年多くの行書書士が処分を受けている(注)。もっとも，自分の能力を考えれば，広範な業務を難なくこなすことはまず不可能だ。「何でもできるは何にもできない」は世の常である。まずは，遺言・相続業務を専門分野の柱として確立することに専念しよう。

　準備を進めると，相続の仕事ではまず，「相続人の範囲」を確定させるために戸籍謄本を収集しなければならないことを知った。そこで，自分の相続関係を調べるために戸籍法10条に基づいて直系尊属の戸籍謄本を収集してみることにした。

　戸籍を収集するには次のことを行わなくてはならない。

> ①　申請書を書く（申請書は本籍地の役所のホームページからダウンロードする）
>
> ②　郵便局で定額小為替を購入する
>
> ③　運転免許証などの身分証明書の写しを用意する
>
> ④　返信用封筒を用意する
>
> ⑤　以上①～④を本籍地の市役所に郵送で請求する

このように，実際に戸籍を収集してみると面倒な作業が伴うことがわかっ

た。しかも，転籍などしてると複数の役所に請求しなければならない。古い戸籍は手書きでしかも旧字体で書かれている。収集する手間もかかるうえ，正確に読み解くには一定レベルの民法の知識が求められる。一般の方には至難の業に違いない。そして，全ての戸籍謄本がそろったので，「相続関係説明図」を作成してみた。この一連の作業は，戸籍制度を理解するうえで大変有益であった。しかも，いつかは訪ずれる親の相続でも収集した戸籍は利用できるのだ。まさに，一石二鳥とはこのことだろう。

　ここまで来るとある程度知識が定着してきた。そこで，行政書士が主催する実務家養成講座に参加してみた。業務の流れと今まで勉強してきた知識が実務で具体的に活かされるイメージを掴めたことは収穫だった。

　また，金融機関が主催する遺言・相続に関するセミナーにも参加してみた。第一線で活躍している士業の話を聞けたことは大変勉強になった（しかも，資料まで入手できる！）。そして，参加者からの質問は，実際にどのようなことに悩んでいるのかがわりとても有益であった。さらに，後日，講師の税理士にお礼の手紙を出したところ，事務所への訪問のお誘いを頂き，開業後のパートナー関係の承諾まで頂くことができた。また，親が自宅の登記を依頼した司法書士にパートナー関係の打診をしたところ，こちらからも承解を得ることができた。

　その他，金融機関の相続手続を金融機関のホームページからダウンロードして研究した。

　この段階にくると実務の流れがだいぶイメージできるようになってきた。そこで，次のように「アプローチ」「引合い」「面談」そして「業務遂行」の各準備に取り掛かった。

(1) 「アプローチ」の準備

　金融機関のセミナーで入手した資料を参考に，開業後に開催するセミナーのレジュメを作成した。また，ホームページの制作にも着手した。

(2) 「引合い」の準備

　相談希望者から引合いが来た時に，情報を的確に把握するために，「引合いメモ（【現物資料2①】参照）を作成した。

(3) 「面談」の準備

　面談の場で満足行く報酬で受任して，しかも業務を速やかに遂行するために次の「面談5点セット」（P34〜44【現物資料3-1①】〜【現物資料〜3-5①】参照）を作成した

> ① 「面談シート」（【現物資料3-1①】）：的確に情報を収集
> ② 「ロードマップ」（【現物資料3-2①】）：相談者に問題解決までの道筋（目途）を示すため
> ③ 「見積書（分解見積）」（【現物資料3-3①】）：面談の場で見積を提示するため
> ④ 「委任契約書」（【現物資料3-4①】）：受任後の依頼者とのトラブル（業務範囲，報酬等）を防止するため
> ⑤ 「委任状」（【現物資料3-5①（その1）（その2）】）：職務上請求書でカバーできない書類（「固定資産税評価証明書」等）を請求するためと銀行の相続手続の受任を想定して準備する。

　また，並行して，友人・知人に会った時には必ず遺言と相続に関する学んだことを話すようにした。私は，いつでも，どこでも遺言・相続について話題にすることを「いつ・どこセミナー」と名付けた。するとたいてい質問を受けた。その質問に回答することで知識が蓄積されていくのが実感できた。なお，即答できなかった質問には，調べたうえで後日メールで回答した。

（注）日本行政書士会連合会（以下，「日行連」という）は，「事業，財務及び懲戒処分等の情報の公表等に関する規則（平成29年4月19日施行）」に基づき，都道府県知事および単位会長による処分事例を，日行連のホームページで「綱紀事案の公表」として公表している。

【現物資料２①】引合いメモ

項　目	内　容
聞くこと お問合せ年月日	年　　月　　日（　）午前・午後　　時　　分
お名前	様
ご住所	都・道・府・県　　　市・町
お問合せのきっかけ	□紹介（紹介者：　　　　様）□セミナー　□HP □その他（　　　　　　　　　　　　　　　　　）
ご希望の連絡手段	□電話（　　　　　　　　）□メール（　　　　　　　） □その他（　　　　　　　　　　　　　　　　　　）
ご相談の概要	□遺産分割　□遺言書作成　□遺言執行 □その他（　　　　　　　　　　　　　　　　　）
その他	・ ・ ・ ・ ・ ・ ・
伝えること 相談料	□有（　　　　　　円）□無
その他	・ ・ ・ ・
決めること 面談日時	年　　月　　日（　）午前・午後　　時　　分
面談場所	□事務所　□ご自宅 □その他（　　　　　　　　　　　　　　　　　）
その他	・ ・ ・ ・ ・ ・ ・

【備考】
・
・
・
・
・

33

【現物資料3-1①】面談シート

面談者：(　　　　　)様　打合せ日時：　　年　　月　　日(　　)・午前・午後　　時　　分

項　　目	内　　　　　容	
被 相 続 人	氏　　名： 生年月日： 死亡日：	
遺産分割の 状況・方針	進捗状況	
	方　　針	
紛争性の有無	有・無（有の場合は，その状況）	
相　続　人	相続関係説明図	
	利益相反が生じる者	有・無
	判断能力が不十分な者	有・無
	行方不明者	有・無
	見知らぬ相続人	有・無
	海外に居住している者	有・無
	合意を得るのに困難が予想される者	有・無
相 続 財 産	金融資産	・ ・ ・
	不動産	・ ・ ・
	その他	・ ・ ・
【備　考】 ・ ・ ・		

面　談（　　月　　　日）

☐事実関係の確認
☐業際の説明
☐報酬額の合意
☐受任
☐委任契約の締結
☐委任状の受領
☐職務上請求書の使用承諾
☐

事実関係の調査（　　月　　日頃～　　月　　日頃）

☐着手金のご入金（　　月　　日まで）＝業務スタート
☐相続人代表者（　　　　）様の印鑑登録証明書（　　）通を入手
☐遺産分割の前提条件の調査
☐相続人の範囲の確定
　・職務上請求書による戸籍謄本等の請求・受領
　・「相続関係説明図」の作成
☐相続財産の範囲と評価の確定
　・金融機関へ残高証明書等の請求・受領（　　　　　　　　　　　）
　・履歴事項全部証明書・固定資産税評価証明書の請求・受領
　・「財産目録」の作成
☐
☐
☐

遺産分割協議の成立（　　月　　日頃）

□共同相続人全員が遺産分割の内容に合意する（＝遺産分割協議の成立）

□「遺産分割協議書」の作成

□共同相続人全員から署名・押印（実印）＋印鑑登録証明書の提出

□

□

相続手続（　月　日頃～　月　日頃）

□金融機関の手続き→預貯金の払戻し等

□相続登記（司法書士）

□相続税の申告（税理士）

□

□

相続手続の完了

・書類の納品

・残金のご入金（業務完了後5日以内）

見 積 書

_____ 様

「遺産分割協議」について，下記のとおりお見積いたします。ご検討の程，よろしくお願いいたします。

手数料	
消費税（10 %）	
立替金その他	
見積金額合計	

手数料【解説 1】

区 分	件　　　名	手数料額 （単価）	摘要 （枚数等）	単位	金額
基本料金	業務に要する時間【解説 2】	￥5,000	40	時間	￥200,000
手数料	相続人 1 名あたり加算料金【解説 3】	￥15,000		人	
〃	相続人の範囲の調査（基本料金）【解説 4】	￥20,000	1	式	￥20,000
〃	戸籍謄本等の請求・受領【解説 5】	￥1,500		通	
〃	「相続関係説明図」の作成【解説 6】	￥10,000	1	通	￥10,000
〃	相続財産の範囲と評価の調査（基本料金）【解説 7】	￥20,000	1	式	￥20,000
〃	固定資産税評価証明書，履歴事項全部証明書等の請求・受領【解説 8】	￥1,500		通	
〃	「財産目録」の作成【解説 9】	￥10,000	1	通	￥10,000
〃	「遺産分割協議書」の作成【解説 10】	￥20,000	1	通	￥20,000
〃	金融機関手続代行【解説 11】	￥40,000		行	
〃	金融資産の 0.5 %【解説 12】		1	式	
				①小計	
				②消費税（10 %）	
				③合計（①＋②）	

実費・立替金額明細【解説 13】

区 分	件　　　名	単価	摘要 （枚数等）	単位	金額
実費相当額	相続人の範囲の調査（戸籍謄本等）【解説 14】				
〃	相続財産の評価と範囲の調査（固定資産税評価証明書，履歴事項全部証明書等）【解説 15】				
〃	交通費，郵送費，複写代等【解説 16】				
				実費・立替金合計…B	

※見積の前提条件の変更や実費等の清算の都合上，ご請求金額が上記金額と異なる場合があります。
　あらかじめご了承ください。【解説 17】

※司法書士（不動産登記），税理士（税務申告）等の他の専門職に業務を委託する場合は，別途費用がかかります。【解説18】

1. 業務内容：遺産分割協議に係る次の業務【解説19】
   - （1）相談業務
   - （2）書類の請求及び受領（戸籍謄本，登記簿謄本，固定資産税評価証明書等）
   - （3）書類の作成（「遺産分割協議書」「相続関係説明図」「財産目録」等）
   - （4）金融機関の相続手続の代行（銀行，証券会社等）
   - （5）上記（1）〜（4）に係る一切の業務

2. 特約：（1）相続人の間で紛争が生じた場合は，行政書士法等により業務を継続できません。あらかじめご了承ください。【解説20】
   - （2）着手金の着金を確認次第，業務に着手します。【解説21】

3. お支払方法：（1）着手時に，手数料の6割と実費相当額の合計をお支払ください。残金は業務完了後5日以内にお支払ください。なお，着手金の返金は，当職の責による業務遂行の中止の他，一切なしとします。【解説22】
   - （2）司法書士または税理士に業務を委託する場合は，委託前にご入金ください。【解説23】

4. お振込先：税経銀行　飯田橋支店　（普通）7654321　S川行政書士事務所　S川太郎（エスカワギョウセイショシジュムショ　エスカワタロウ）【解説24】
   ※振込手数料が発生する場合は，ご負担いただきますようお願いいたします。

5. 見積有効期限：　　　年　　月　　日（　　）まで【解説25】

　　　　　　　　　　　年　　　月　　　日

事務所　東京都千代田区飯田橋1-2-3　アサヒビル123号室
電　　話　03-1234-5678
ファックス　03-1234-5679

S川行政書士事務所

行政書士　S川　太郎　㊞

解説No.	項　目	内　　容
1	手数料	業務項目ごとに手数料を算出する。原則として，「ロードマップ」に則した順序で掲載する。
2	業務に要する時間	遺産分割業務に要する最低限要する時間を「基本料金」として算出している。ここでは，1時間当たり5千円で40時間（1日8時間，稼働日数5日間相当）で見積もっている。
3	相続人1名あたり加算料金	業務に要する時間と難易度に応じて算出する。※一般に，業務の量と難易度は，相続人の人数に比例する。
4	相続人の範囲の調査	相続人の範囲を確定するための業務に要する費用（ここでは4時間相当として算出している）。

5	戸籍謄本等の請求・受領	相続人の範囲を確定するために，職務上請求書を使用して役所に戸籍謄本等の請求およびその受領を行うための1通当りの手数料。
6	「相続関係説明図」の作成	取得した戸籍謄本等に基づいて，「相続関係説明図」を作成するための手数料（ここでは2時間相当として算出している）。
7	相続財産の範囲と評価の調査	相続財産の範囲と評価を確定するための業務に要する費用（ここでは4時間相当として算出している）。
8	固定資産税評価証明書，履歴事項全部証明書等の請求・受領	相続財産の範囲と評価を確定するために，固定資産税評価証明書等の請求および受領を行うための1通当りの手数料。
9	「財産目録」の作成	収取した固定資産税評価証明書等に基づいて，「財産目録」を作成するための手数料（ここでは2時間相当として算出している）。
10	「遺産分割協議書」の作成	作成した「相続関係説明図」および「財産目録」に基づいて「遺産分割協議書」を作成するための手数料（ここでは4時間相当として算出している）。
11	金融機関手続代行	通常，金融機関の相続手続には，当該金融機関に残高証明書の請求と払戻し請求の2回訪問することになる。したがって，一つの金融機関に対して訪問時間4時間を2回の合計8時間で算出している。
12	金融資産の0.5％	一般的に，業務の量と難易度は遺産の額に比例する。そこで，金融資産の総額の0.5％を加算することにした。
13	実費・立替金額明細	通常，依頼者は経費も含めた「総額」を知りたい。そこで，引合いと面談で得た情報を基に，おおよその経費を算出して提示する。
14	相続人の範囲の調査（戸籍謄本等）	遺産分割の前提条件の一つである「相続人の範囲」を確定するための戸籍謄本等を請求するために役所に支払う手数料を算出する。
15	相続財産の評価と範囲の調査（固定資産税評価証明書，履歴事項全部証明書等）	遺産分割のもう一つの条件である「相続財産の範囲と評価」を確定するために役所に支払う手数料を算出する。
16	交通費，郵送費，複写代等	交通費（依頼者宅，官公署・金融機関等の訪問），郵送費（戸籍謄本等の請求），複写代等に係る経費を算出する。
17	※見積の前提条件の変更や実費等の清算の都合上，ご請求金額が上記金額と異なる場合があります。あらかじめご了承ください。	前提条件の変更や実費等の清算で見積金額と請求金額が異なるということはままある。しかし，依頼者は，見積で提示した金額は「変動しない」と考える。そこで，このように注意喚起の一文を加えておく。そのことで，前提条件の変更による追加請求に対して，依頼者の理解が得やすくなる。なお，「前提条件の変更」とは，具体的には次のようなことが考えられる。 ・相続人の人数が増えた 〜面談で相談者から「相続人は3名」と聞いていたが，相続人の範囲を調査した結果，実際は4名いた。 ・金融機関の数が増えた 〜面談で相談者から被相続人が口座を開設していた銀行は「3行」と聞いていたが，面談後に新たに2行の通帳が見つかったため，実際に払戻し手続きを行う銀行は5行となった。

18	※司法書士（不動産登記），税理士（税務申告）等の他の専門職に業務を委託する場合は，別途費用がかかります。	本見積は，行政書士が行う業務に関するもののみであることを明確にしておく。 なお，司法書士等の他士業（＝パートナー）に業務を依頼する場合は，事前に見積を取り，依頼者に提示して金額および入金の条件について合意を得ること。それを怠ってしまうと，入金などのトラブルで依頼者と他士業の間で板挟みになる危険がある。
19	1.　業務内容	見積をした「業務の範囲」を明確にしておく。そのことで，着手後に業務の項目が増えた場合でも，追加費用の請求がしやすくなる。
20	2.　特約(1)	業際問題が生じた場合に「身を守る」ために記載しておく。
21	2.　特約(2)	業務着手時を明確にするために記載しておく。ただし，実際は，依頼者との信頼関係に基づき，着手金の入金前に業務に着手することがよくある。
22	3.　お支払方法：(1)	支払期日を明確にしておく。このことで，期日までに支払われなかった場合に，直ちに催促することができる。なお，着手金の返金についても明記しておく。
23	3.　お支払方法：(2)	司法書士等の他士業に業務を委託する場合は，入金のトラブルを回避するためにも依頼者から他士業に直接着手以前に費用を支払ってもらうのが望ましい。
24	4.　お振込先	振込先を明示する。なお，振込手数料の負担についても明記しておく。
25	5.　見積有効期限	見積を提示してから相当の日数が経過してから「この見積のとおりお願いしたい」と依頼してくる者がいる。その場合，諸々の条件が変わっていて，以前提示した見積額では満足行く報酬が得られなくなってしまうことがある。そのような事態を防止するために有効期限を明記しておく。また，期限を明確にすることで，心理的に依頼を促す効果も期待できる。

法律事務委任契約書

委任者（甲）住　所　＿＿＿＿＿＿＿＿＿＿＿＿＿＿＿＿＿＿＿＿＿＿＿＿
　　　　　　　氏　名　＿＿＿＿＿＿＿＿＿（相続人代表者・被相続人の（　　　）)

受任者（乙）住　所　東京都千代田区飯田橋 1-2-3　アサヒビル 123 号室
　　　　　　　氏　名　S 川行政書士事務所　行政書士　S 川太郎
　　　　　　　　　　　東京都行政書士会所属・登録番号：第 19012345 号

　委任者＿＿＿＿＿＿＿＿＿＿（以下「甲」という）と受任者　S 川行政書士事務所　行政書士　S 川太郎（以下「乙」という）は，以下のとおり法律事務委任契約を締結する。
　乙は，行政書士法その他法令を遵守し，遺産分割協議および相続手続が速やかに完遂することを目指し，甲は乙の業務遂行に協力する。

（業務の範囲）【注 1】
1. 依頼の内容：甲は乙に被相続人　＿＿＿＿＿（　　年　　月　　日生，　　年　　月　　日死亡）の遺産分割に係る次の業務を依頼する。

　　(1) 相談業務
　　(2) 調査業務
　　　　①相続人の範囲の確定
　　　　②相続財産の範囲および評価の確定
　　(3) 書類作成業務
　　　　①相続関係説明図
　　　　②財産目録
　　　　③遺産分割協議書
　　　　④その他相続手続に関する書類
　　(4) 相続手続業務
　　　　次の金融機関の相続手続
　　　　①　＿＿＿＿＿＿＿＿＿＿＿＿＿
　　　　②　＿＿＿＿＿＿＿＿＿＿＿＿＿
　　　　③　＿＿＿＿＿＿＿＿＿＿＿＿＿
　　(5) 以上，(1)～(4)に係る一切の業務

（支払の金額及び期日）【注 2】
2. 甲は乙へ次のとおり 2 回に分けて金員を支払うものとする。
　　　　(1) 着手金：金＿＿＿＿＿＿＿円（税込）
　　　　　　　振込期日：＿＿＿年＿＿月＿＿日まで
　　　　(2) 手数料：金＿＿＿＿＿＿＿円（税込）
　　　　　　　振込期日：業務完了後 5 日以内

　なお，乙の責による業務の中止の他，着手金の返金は一切なしとする。また，実際に行った業務内容及び経費の精算の都合上，(2)の請求金額が異なる場合がある。

（支払方法・振込先）【注3】

3. 甲は下記に振込するものとする。

　　ただし，振込手数料が発生する場合は，甲が負担するものとする。

　　行政銀行　飯田橋支店　（普）7654321　口座名義　S川行政書士事務所

（業務着手）【注4】

4. 乙は甲から前掲「2(1)」の着手金の入金が入金後，直ちに本業務に着手するものとする。

（特約）【注5】

5. 次の場合は，乙は本件を辞任することができる。
　　(1) 乙が，共同相続人間で合意形成の意思が見られないと判断した時
　　(2) 共同相続人間で調停・訴訟の因をなす紛争状態が生じた時

（その他）

6. 本契約に定められていない事態が発生した場合または疑義が生じた場合は，甲・乙双方協議し速やかに事態が解決するように努めるものとする。

　以上の内容を甲・乙双方十分理解した証として本書2通を作成し，双方記名（または署名）・押印の上，各自1通ずつ所持するものとする。

　　　　　　　　　　　　年　　　月　　　日

　　　　　　　　　　　住所 ＿＿＿＿＿＿＿＿＿＿＿＿＿＿＿＿＿＿＿＿

　　委任者（甲）

　　　　　　　　　　　氏名 ＿＿＿＿＿＿＿＿＿＿＿＿＿＿＿＿㊞

　　　　　　　　　　東京都千代田区飯田橋1-2-3　アサヒビル123号室

　　受任者（乙）

　　　　　　　　　S川行政書士事務所　行政書士　S川太郎　㊞

※「【現物資料3-3①】見積書（分解見積）」の各解説（P39・40）を参照のこと。
【注1】解説17
【注2】解説22
【注3】解説24
【注4】解説21
【注5】解説20

㊞

委 任 状

事務所　東京都千代田区飯田橋 1-2-3　アサヒビル 123 号室
住　所　東京都○○市○○町○丁目○番地の○

（代理人）　氏　名　S 川　太郎（職業：行政書士）

電　話　03（1234）5678

　私は，上記の者を代理人と定め，下記の事項を委任します。

記

被相続人＿＿＿＿＿＿＿（最後の住所地：＿＿＿＿＿＿＿＿＿＿＿＿＿＿，
＿＿＿＿＿＿年＿＿＿月＿＿＿日生,＿＿＿＿＿＿年＿＿＿月＿＿＿日死亡）
の遺産分割を行うにあたり，被相続人が所有していた全ての土地・家屋に係
る直近年度の固定資産評価証明書並び名寄帳の請求及び受領に関する一切
の権限。

年　　　月　　　日

住　　所＿＿＿＿＿＿＿＿＿＿＿＿＿＿＿＿＿＿＿＿＿＿＿＿＿

（委任者） 電話番号＿＿＿＿＿＿（　　　　）＿＿＿＿＿＿＿

^{（ふり がな）}
氏　名　被相続人の（　　　　　）＿＿＿＿＿＿＿＿＿　㊞

（　　　年　　　月　　　日生れ）

以上

43

【現物資料 3-5 ①（その 2）】銀行手続の委任状

（実印）

委　任　状

事務所　東京都千代田区飯田橋 1-2-3　アサヒビル 123 号室
住　所　東京都○○市○○町○丁目○番地の○
（代理人）　氏　名　S川　太郎（職業：行政書士）
電　話　03（1234）5678

上記の者に，下記の権限を委任いたします。

記

被相続人_____（　　　年　　月　　日生れ，　　　年　　月　　日
死亡）の死亡により発生した相続による，被相続人名義の_____銀行
に預託している一切の預金等に関する，残高の有無の調査，並びに残高証明
書の請求・受領，名義変更，払戻し，解約及び当該預金等の元利金等の受領，
以上に関する_____銀行に提出する一切の書類の受領・作成・提
出など，遺産分割に必要な一切の権限及び行為

以上

年　　月　　日

住　所_____

（委任者） 電話番号　　　（　　　　）_____

（実印）

氏　名　被相続人の（　　　　）

（　　　　年　　月　　日生れ）

2　アプローチ

　「下手な鉄砲は数を撃ってもまず当たらない」のは世の常。手当たり次第に
アプローチをしても引合いにつなげるのはほぼ無理だろう。そこで，まずどう
いう人が専門家に相談するのかじっくり考えてみることにした。

　たとえば，身内が亡くなったとする。葬儀や四十九日の法要が一通り終わっ
た頃に遺産分割の手続きに入るはずだ。そこで，預金を払戻しするために銀行
に行くだろう。

　そういえば，以前事務所名義の口座を開設するために訪れた銀行で，隣のカ
ウンターから次のような会話が聞こえてきた。

> **行員：**「（お亡くなりになった）お父様のお生まれになってからお亡くなりに
> なるまでの戸籍謄本と相続人様全員の戸籍謄本をご提出ください」
>
> **お客：**「今日持ってきたこの戸籍（＝父が死亡したことが記載されている全部
> 事項証明書）の他にも必要なのですか？　また（銀行に）来なければならな
> いのですか？」

　中年男性の声だった。きっと相続人を代表してやって来たに違いない。

　行員から説明を受けた男性は，帰宅して真っ先にインターネットで本籍地の
役所の市区町村役場のホームページを見るはずだ。そこで，戸籍謄本を請求す
るには「定額小為替」が必要なことを知る。そして，購入するために郵便局に
行く。自分もそうであったように戸籍謄本を収集している途中で定額小為替が
足りなくなってしまって再度郵便局に行くこともあるだろう。役所から届いた
旧漢字が満載で書かれた戸籍謄本を見て啞然とするに違いない。男性は日中に
仕事をしているだろうから再び銀行に行くことは大きな負担になるはずだ。お
そらく，この前は相続手続のためにわざわざ休暇を取得して銀行に来ていたに
違いない。

　仕事を抱えた多忙な人は，信頼が置ける国家資格者が相続手続を代行してく
れたら，お金を払ってでも依頼するに違いない。もし，自分がその立場であっ
たらきっとそうする。

　さて，問題は，どうやってターゲット顧客に自分の存在とサービスの内容を

伝えるかだ。

　そういえば，定額小為替を購入するために郵便局を訪れた時に，広告ポスターを貼れるスペースを見かけた。そこに「お忙しい相続人の方に代わって戸籍を収集いたします。役所へ郵送請求したり出向いたりする必要一切なし！S川行政書士事務所」といった内容のポスターを掲示してみてはどうだろう。戸籍収集で困っている相続人はきっと注意を向けるはずだ。

　そこで，役所に戸籍を郵送請求するために郵便局に小為替を購入に来る相続人をターゲットに，相続人調査を代行することをうたったポスターをデザイン会社に発注した。そして，事務所周辺の5か所の郵便局にポスターを掲示した。合わせて相続手続のセミナーの案内チラシも置くことにした。

　また，開業の挨拶状を友人・知人，親戚そして以前勤務していた会社関係者などに送った。その中にセミナーの案内状を同封した。その結果，郵便局のチラシからの一般向けのセミナーには8名，挨拶状からは15名の応募があった。

　セミナーのテーマは，「これで万全！　銀行の相続手続の進め方」に決めた。相続手続で苦労している相続人の声を銀行で聞いたことがヒントになった。

　「遺産分割協議の進め方」，「預金の凍結」そして「相続手続に必要な書類とその収集方法」を説明したうえで，事務所のサポート体制を案内するのだ。

　一般向けのセミナーの参加者からは，「こうなると預金は凍結されてしまうのね」「戸籍を集めるのって手間がかかるんだね」「手続きのイメージがつかめました」「いざ！　という時は相談しますね」など感想を頂いた。

　友人・知人向けのセミナーは，30分ほど講演をして，その後は会食にした。「いざという時は連絡するね」「親が遺言を残したいと言っているから相談にのって欲しい」「そろそろ終活もしなくてはと考えています。近いうちに事務所に伺うね」など温かい言葉を頂いた。また，「実は，昨年父が亡くなったのだけど，手続きでとても苦労しています。近々相談に伺います」と早速引合いを頂き，相談日時を決めた方もいた。

　私は，主宰している開業準備ゼミの参加者に，「ありがとうセミナー」の開催を勧めている。このセミナーは，友人・知人など「顔が分かる人」を招待して開業できた感謝を込めてセミナーを開催するものである。テーマは参加者のだれもが対象になる遺言・相続がお勧め。

　このセミナーは次のような効果が期待できる。

> ・習得した知識をアウトプットすることによる実務脳の強化
> ・自分の取扱業務のアピール
> ・ターゲット顧客の開拓

　お互いに顔がわかると信頼関係を構築しやすい。そのアドバンテージを活用しない手はない。実際に，ゼミの参加者から，「『ありがとうセミナー』をきっかけに受任できました」という声が複数届いている。これから開業する方はもちろん，既に開業している方も「開業○周年」などをきっかけにして開催してみてはいかがだろうか。

3　引合い

　セミナーが終了してから1週間後，一般向けのセミナーに参加した夫を亡くした夫人（田中花子72歳，以下「相談希望者」という）から遺産分割に関する相談の電話が入った。

　早速，準備していた「引合いメモ」を基に，遺産分割協議を行うための前提条件である「相続人の範囲」とおおよその「相続財産の範囲と評価」をお聞きした。

　相談希望者によると夫は約半年前に死亡した。亡夫の相続人は妻である自分と子ども2人（＝長男と長女）の合計3名。子どもたちは二人とも結婚している。長男はアメリカに海外赴任中で当分帰国の予定はない。長女は電車で1時

間ほどのところに住んでいるが，子どもの中学受験で忙しくて相続手続をしている暇がない。

　主な遺産は夫と同居をしていた自宅マンションと複数の銀行に約2千万円の預貯金。なお，負債はない。

　また，現在の相続手続の進捗状況を確認したところ，次のようであった。

(1)　不動産～一切手続をしていない

(2)　金融機関

　①　相続の相談に行ったところ払戻しができなくなってしまった（口座の凍結）

　②　亡夫の相続関係がわかる戸籍を提出するように指示を受けた（未提出）

　③　銀行から「相続手続のご案内」という冊子が届いた

　そして，目下の悩みは次のようであった。

・子どもは忙しくて頼りにならない（自分が相続手続を行うしかない）

・預金が凍結されたままだと生活に支障を来す

・銀行から渡された『相続手続のご案内』という手引書を見ても，内容が十分理解できない。

・夫から生前に『遺言を残した』ということを聞いた気がするが家中探しても見付けることができなかった

・相続税がかかるか心配

　電話から不安な気持ちがひしひしと伝わってきた。夫人の不安は「先が見えないこと」に起因している。面談で「解決までの道筋」（＝ロードマップ）を示せば安心できるはずだ。私は，早期解決のために，まず早急に面談を実施すべきと判断した。

　そこで，「お会いして詳しくお話をお聞きすれば具体的なアドバイスを差し上げることができます。時間制限は設けていませんのでごゆっくりお話し頂けます。ご相談料は5千円ですがいかがでしょうか」とお伝えした。すると「はい，承知いたしました」と了承を頂いた。そして，相談希望者の予定を最優先

して3日後の午前10時に事務所で面談を行うことが決まった。

　続けて，「お手元にある戸籍謄本，それから銀行から届いた『相続手続のご案内』とお通帳，役所から届いている不動産の「固定資産税納税通知書」をお持ちください」と伝えた。

　さらに，「遺産の分け方はお決まりですか」とお尋ねしたところ，「子どもたちと話し合って自宅は私，預貯金は全員で法律で決められているとおりに分けることにしました」と返事があった。相続人間の争いはどうやら今のところなさそうだ。

　最後に，面談の日時と場所（事務所で行うことにした）を再確認して電話を終えた。胸につかえていたことを話すことができて，相談希望者の声は少し明るくなったように聞こえた。

　以上，「引合いメモ」を用意しておいたおかげで滞りなく会話ができた。通話時間は20分程度であった（**次頁【現物資料2②】参照**）。

【現物資料2②】引合いメモ

	項　目	内　容
聞くこと	お問合せ年月日	令和2年 4月 1日（水）午前・午後 11時 10分
	お名前	田中花子　　　様
	ご住所	東京都中野区阿佐谷北1丁目2番3号　アレーズ阿佐ヶ谷123号
	お問合せのきっかけ	□紹介（紹介者：　　　　　様）　☑セミナー　□HP □その他（　　　　　　　　　　　　　　　　　）
	ご希望の連絡手段	☑電話（090-1234-4321）□メール（　　　　　　） □その他（　　　　　　　　　　　　　　　　　）
	ご相談の概要	☑遺産分割　□遺言書作成　□遺言執行 □その他（　　　　　　　　　　　　　　　　　）
	その他	・被相続人田中一郎は令和元年10月3日に死亡 ・相続人は，妻・長男（既婚・米国在住）・長女（既婚）の3名 ・相続財産は自宅，預貯金約2千万円（負債はゼロ） ・遺産分割はこれかから行う（口座凍結→早期の払戻し希望） ・遺言の有無不明 ・相続税がかかるか心配 ・
伝えること	相談料	☑有（　5千　円）□無
	その他	・戸籍謄本 ・銀行の「相続手続のご案内」・通帳 ｝持参を指示 ・固定資産税の納税通知書 ・ ・
決めること	面談日時	令和2年 4月 4日（土）午前・午後 10時 00分
	面談場所	☑事務所　□ご自宅 □その他（　　　　　　　　　　　　　　　　　）
	その他	・ ・ ・ ・ ・

【備考】
・子どもの相続手続のサポートは期待薄
・現状では，紛争性はない模様。
・自宅マンションは妻，金融資産（約2千万円）は共同相続人間で法定相続分のとおりに
　分ける方針

4 準備②（面談に臨む準備）

「引合いメモ」を基に面談の準備を始めた。

まず，夫人の置かれている状況を考えてみることにした。夫人は，夫を亡くした状況下で相続手続を行わなければならない。しかも，銀行に行ったら口座を凍結されたうえになにやら難しそうな手続きを要求されてしまった。凍結が長引いてしまうと生活に支障が出てしまう。長男は海外赴任，長女は子育てと二人とも当てにできない。きっと先の見えない切実な不安に陥っているに違いない。面談では，夫人が抱えている不安を解決するまでの道筋（＝ロードマップ）を提示することが何より大切だ。

次に，面談で的確に助言できるように，相談内容に関する箇所を「基本書」「実務書」「判例集」で確認した。

さて，費用の提示なくして受任はできない。なぜなら，いくらかかるのかわからなければ請求金額がこわくてふつう依頼できないからだ。「いくらでもお金を出しますからお願いします」という人はまずいない。したがって面談の場で見積を提示する準備も怠ってはならない。

以上を踏まえて，「面談5点セット」を「引合いメモ」（前頁【現物資料2②】参照）を基にカスタマイズすることにした（P52～60【現物資料3-1②】～【現物資料3-5②】参照）。

- ・「面談シート」（【現物資料3-1②】）
- ・「ロードマップ」（【現物資料3-2②】）
- ・「見積書」（【現物資料3-3②】）
- ・「委任契約書」（【現物資料3-4②】）
- ・「委任状」（【現物資料3-5②】）

「引合いメモ」（【現物資料2②】）の情報を基に，カスタマイズする。

※　以上の【現物資料3-1②～3-5②】は，面談で内容を修正する必要が生じた場合は，面談の場で訂正して相談者に提示する。

仕上げは，イメージトレーニングだ。面談開始の挨拶から事実関係のヒアリング，相続手続に関する説明，見積の提示，受任など一連の流れを何度も反復して頭に焼き付けた。

【現物資料 3-1 ②】面談シート

面談者：(田中花子) 様　打合せ日時：令和 2 年 4 月 4 日（土）・午前・午後 10 時 00 分

項　目	内　　　容	
被 相 続 人	氏　　名：田中一郎 生年月日： 死亡日：令和元年 10 月 3 日	
遺産分割の 状況・方針	進捗状況 遺産分割はこれから行う（口座凍結済→早期の払戻し希望）	
	方　　針 ・自宅マンションは妻，金融資産は共同相続人間で法定相続分のとおりに 　分ける方針	
紛争性の有無	有・無（有の場合は，その状況）	
相　続　人	相続関係説明図 被相続人 ─── 長男 田中花子 ─── 長女	
	利益相反が生じる者	有・無
	判断能力が不十分な者	有・無
	行方不明者	有・無
	見知らぬ相続人	有・無
	海外に居住している者	有・無　長男
	合意を得るのに困難が予想される者	有・無
相 続 財 産	金融資産	・複数の銀行に約 2 千万円 →共同相続人間で法定相続分のとおり承継する ・
	不動産	・自宅マンション→妻が取得する ・ ・
	その他	・ ・ ・

【備　考】
・遺言の有無不明

面　談（令和 2 年 4 月 4 日）

☐事実関係の確認
☐業際の説明
☐報酬額の合意
☐受任
☐委任契約の締結
☐委任状の受領
☐職務上請求書の使用承諾
☐

⬇

事実関係の調査（　　月　　日頃～　　月　　日頃)

☐着手金のご入金（　　月　　日まで）＝業務スタート
☐相続人代表者（　　　　）様の印鑑登録証明書（　　）通を入手
☐遺産分割の前提条件の調査
☐相続人の範囲の確定
　・職務上請求書による戸籍謄本等の請求・受領
　・「相続関係説明図」の作成
☐相続財産の範囲と評価の確定
　・**金融機関へ残高証明書等の請求・受領**
　・履歴事項全部証明書・固定資産税評価証明書の請求・受領
　・「財産目録」の作成
☐遺言の有無の調査
☐
☐

遺産分割協議の成立（　　月　　日頃）
□共同相続人全員が遺産分割の内容に合意する（＝遺産分割協議の成立）
□「遺産分割協議書」の作成
□共同相続人全員から署名・押印（実印）＋印鑑登録証明書の提出
□長男への連絡は当職が行う
□長男には印鑑登録証明書に代わり「署名証明」と「在留証明」の取得を指示

相続手続（　　月　　日頃〜　　月　　日頃）
□金融機関の手続き→預貯金の払戻し等
□相続登記（司法書士）
□相続税の申告（税理士）
□
□

相続手続の完了
・書類の納品
・残金のご入金（業務完了後5日以内）

見　積　書

田中花子　様

「遺産分割協議」について，下記のとおりお見積いたします。ご検討の程，よろしくお願いいたします。

手数料	
消費税（10 %）	
立替金その他	
見積金額合計	

手数料

区　分	件　名	手数料額 （単価）	摘要 （枚数等）	単位	金額
基本料金	業務に要する時間	¥5,000	40	時間	¥200,000
手数料	相続人1名あたり加算料金	¥15,000	3	人	¥45,000
〃	相続人の範囲の調査（基本料金）	¥20,000	1	式	¥20,000
〃	戸籍謄本等の請求・受領	¥1,500	10	通	¥15,000
〃	「相続関係説明図」の作成	¥10,000	1	通	¥10,000
〃	相続財産の範囲と評価の調査（基本料金）	¥20,000	1	式	¥20,000
〃	固定資産税評価証明書，履歴事項全部証明書等の請求・受領	¥1,500	4	通	¥6,000
〃	「財産目録」の作成	¥10,000	1	通	¥10,000
〃	「遺産分割協議書」の作成	¥20,000	1	通	¥20,000
〃	金融機関手続代行	¥40,000		行	
〃	金融資産（2,000万円）の0.5 %	¥100,000	1	式	¥100,000
				①小計	
				②消費税（10 %）	
				③合計（①＋②）	

実費・立替金額明細

区　分	件　名	単価	摘要 （枚数等）	単位	金額
実費相当額	相続人の範囲の調査（戸籍謄本等）	¥5,000	1	式	¥5,000
〃	相続財産の評価と範囲の調査（固定資産税評価証明書，履歴事項全部証明書，残高証明書等）	¥4,000	1	式	¥4,000
〃	交通費，郵送費，複写代等	¥8,000	1	式	¥8,000
				実費・立替金合計…B	¥17,000

※見積の前提条件の変更や実費等の清算の都合上，ご請求金額が上記金額と異なる場合があります。
　あらかじめご了承ください。

※司法書士（不動産登記），税理士（税務申告）等の他の専門職に業務を委託する場合は，別途費用がかかります。

1. 業務内容：遺産分割協議に係る次の業務
　　　　　（1）相談業務
　　　　　（2）書類の請求及び受領（戸籍謄本，登記簿謄本，固定資産税評価証明書等）
　　　　　（3）書類の作成（「遺産分割協議書」「相続関係説明図」「財産目録」等）
　　　　　（4）金融機関の相続手続の代行（銀行，証券会社等）
　　　　　（5）上記（1）～（4）に係る一切の業務

2. 特約：（1）相続人の間で紛争が生じた場合は，行政書士法等により業務を継続できません。あらかじめご了承ください。
　　　　（2）着手金の着金を確認次第，業務に着手します。

3. お支払方法：（1）着手時に，手数料の6割と実費相当額の合計をお支払ください。残金は業務完了後5日以内にお支払ください。なお，着手金の返金は，当職の責による業務遂行の中止の他，一切なしとします。
　　　　　　　（2）司法書士または税理士に業務を委託する場合は，委託前にご入金ください。

4. お振込先：税経銀行　飯田橋支店　（普通）7654321　S川行政書士事務所　S川太郎（エスカワギョウセイショシジュムショ　エスカワタロウ）
　　　　　※振込手数料が発生する場合は，ご負担いただきますようお願いいたします。

5. 見積有効期限：　**令和2年4月11日（土）** まで

令和2年4月4日

事務所　東京都千代田区飯田橋1-2-3　アサヒビル123号室
　　　　　　　　　　電　　　話　03-1234-5678
　　　　　　　　　　ファックス　03-1234-5679

S川行政書士事務所

行政書士　S川　太郎　㊞

法 律 事 務 委 任 契 約 書

委任者（甲）住　　所　　**東京都中野区阿佐谷北 1 丁目 2 番 3 号　アレーズ阿佐ヶ谷 123 号**
　　　　　　氏　　名　　　　**田中花子**　　　（相続人代表者・被相続人の　**妻**　）

受任者（乙）住　　所　　東京都千代田区飯田橋 1-2-3　アサヒビル 123 号室
　　　　　　氏　　名　　S 川行政書士事務所　行政書士　S 川太郎
　　　　　　　　　　　　東京都行政書士会所属・登録番号：第 19012345 号

　委任者　　**田中花子**　　（以下「甲」という）と受任者　S 川行政書士事務所　行政書士　S 川太郎（以下「乙」という）は，以下のとおり法律事務委任契約を締結する。
　　乙は，行政書士法その他法令を遵守し，遺産分割協議および相続手続が速やかに完遂することを目指し，甲は乙の業務遂行に協力する。

（業務の範囲）
1．依頼の内容：甲は乙に被相続人　　**田中一郎**（　　年　　月　　日生，**令和元年10月3日死亡**）の遺産分割に係る次の業務を依頼する。

　　(1) 相談業務
　　(2) 調査業務
　　　　①相続人の範囲の確定
　　　　②相続財産の範囲および評価の確定
　　(3) 書類作成業務
　　　　①相続関係説明図
　　　　②財産目録
　　　　③遺産分割協議書
　　　　④その他相続手続に関する書類
　　(4) 相続手続業務
　　　　次の金融機関の相続手続
　　　　①＿＿＿＿＿＿＿＿＿＿＿＿＿
　　　　②＿＿＿＿＿＿＿＿＿＿＿＿＿
　　　　③＿＿＿＿＿＿＿＿＿＿＿＿＿
　　(5) 以上，(1)〜(4)に係る一切の業務

（支払の金額及び期日）
2．甲は乙へ次のとおり 2 回に分けて金員を支払うものとする。
　　　　(1) 着手金：金＿＿＿＿＿＿＿＿円（税込）
　　　　　　振込期日：＿＿＿年＿＿月＿＿日まで
　　　　(2) 手数料：金＿＿＿＿＿＿＿＿円（税込）
　　　　　　振込期日：業務完了後 5 日以内

なお，乙の責による業務の中止の他，着手金の返金は一切なしとする。また，実際に行った業務内容及び経費の精算の都合上，(2)の請求金額が異なる場合がある。

（支払方法・振込先）
3.　甲は下記に振込するものとする。
　　ただし，振込手数料が発生する場合は，甲が負担するものとする。
　　行政銀行　飯田橋支店　（普）7654321　口座名義　S川行政書士事務所

　（業務着手）
4.　乙は甲から前掲「2(1)」の着手金の入金が入金後，直ちに本業務に着手するものとする。

（特約）
5.　次の場合は，乙は本件を辞任することができる。
　　(1)　乙が，共同相続人間で合意形成の意思が見られないと判断した時
　　(2)　共同相続人間で調停・訴訟の因をなす紛争状態が生じた時

（その他）
6.　本契約に定められていない事態が発生した場合または疑義が生じた場合は，甲・乙双方協議し速やかに事態が解決するように努めるものとする。

　以上の内容を甲・乙双方十分理解した証として本書2通を作成し，双方記名（または署名）・押印の上，各自1通ずつ所持するものとする。

　　　　　　　　　　　年　　　月　　　日

　　　　　　　　　住所　　東京都中野区阿佐谷北1丁目2番3号
委任者（甲）　　　　　　アレーズ阿佐ヶ谷123号
　　　　　　　　　氏名　　　　　　　　　　　　　　　　　　　㊞

　　　　　　　　　東京都千代田区飯田橋1-2-3　アサヒビル123号室
受任者（乙）

　　　　　　　　　S川行政書士事務所　行政書士　S川太郎　㊞

㊞

委 任 状

事務所　東京都千代田区飯田橋 1-2-3　アサヒビル 123 号室
住　所　東京都○○市○○町○丁目○番地の○
（代理人）　氏　名　Ｓ川　太郎（職業：行政書士）
電　話　03（1234）5678

　私は，上記の者を代理人と定め，下記の事項を委任します。

記

被相続人　**田中一郎**　（最後の住所地：＿＿＿＿＿＿＿＿＿＿＿＿＿＿＿＿，
＿＿＿＿＿年＿＿＿月＿＿＿日生，**令和元**　年 **10** 月 **3** 日死亡）の
遺産分割を行うにあた当り，被相続人が所有していた全ての土地・家屋に係
る直近年度の固定資産評価証明書並び名寄帳の請求及び受領に関する一切
の権限。

年　　　月　　　日

住　　　所　　**東京都中野区阿佐谷北1丁目2番3号　アレーズ阿佐ヶ谷123号**

（委任者）　電話番号　　**090（1234）4321**

（ふりがな）
氏　名　被相続人の（　　**妻**　　）　　　　　㊞
（＿＿＿＿年＿＿月＿＿日生れ）

以上

59

【現物資料3-5②（その2）】銀行手続の委任状

（実印）

委　任　状

事務所　東京都千代田区飯田橋1-2-3　アサヒビル123号室
住　所　東京都○○市○○町○丁目○番地の○
（代理人）　氏　名　Ｓ川　太郎（職業：行政書士）
電　話　03（1234）5678

上記の者に，下記の権限を委任いたします。

記

被相続人　**田中一郎**（　　　　年　　月　　日生れ，**令和元**　年 **10** 月 **3** 日
死亡）の死亡により発生した相続による，被相続人名義の＿＿＿＿＿＿＿
銀行に預託している一切の預金等に関する，残高の有無の調査，並びに残高
証明書の請求・受領，名義変更，払戻し，解約及び当該預金等の元利金等の受
領，以上に関する＿＿＿＿＿＿＿＿銀行に提出する一切の書類の受領・作
成・提出など，遺産分割に必要な一切の権限及び行為

以上

年　　月　　日

住　　所　　**東京都中野区阿佐谷北1丁目2番3号　アレーズ阿佐ヶ谷123号**

（委任者）　電話番号　　**090（1234）4321**

（実印）

氏　名　被相続人の（　　**妻**　　）＿＿＿＿＿＿＿

（　　　　年　　月　　日生れ）

5　面談

　いよいよ面談当日を迎えた。「面談５点セット」（P52〜60【現物資料 3-1 ②】〜【現物資料 3-5 ②】参照）を読み返すなどして，来所 30 分前にはお出迎えする準備が整った。すると，お約束の 10 分前に相談者が現れた。

　面談の冒頭で，「この度はご愁傷様です。相続手続で大変だとお察しします」と夫人（以下「相談者」という）へお悔やみの言葉を告げるとともに，相続手続の労をいたわった。すると，相談者は堰を切ったように一気に話し出した。話は二転三転したが，要点は聴き取ることができた。その内容は次のとおりである。

- ・「子どもたちは仕事や子育てで忙しくて手伝ってくれない。しかも長男はアメリカに海外赴任していて当分帰国の予定はない」
- ・「足が少し不自由で何度も銀行に行くのが辛い」
- ・「銀行に行ったら『夫の戸籍を全部持ってくるように』と言われたが方法がわからない」
- ・「払戻しができなくなってしまった」
- ・「早く預金が下せるようにならないと生活に困る」
- ・「夫が生前『遺言を残した』ということを言っていたような気がするけど，家中探しても見つからない」
- ・「相続税がかかるか心配」

　以上の内容は既に引合いの段階でお聞きしていた。しかし，私は話の腰を折ることなく相談者の聞き役に徹した。相談者は抱えている不安を吐き出せば気持ちが落ち着くだろうし，ひょっとしたら引合いの段階では得られなかった事実が出てくるかもしれないと考えたからだ。

　お話をお聞きしたところ，引合いの段階で入手した事実関係とほぼ一致していた。そこで，相談者の話しが一通り落ち着いたところを見計らって，「相続人と主な財産はこのとおりでよろしいでしょうか」と一言添えて，用意しておいた「面談シート」（P52【現物資料 3-1 ②】参照）を提示した。すると，「はい，

そのとおりです」と相談者は返答した。

　ただし，相談者の発言を鵜呑みにしてはいけない。たとえば，亡夫が離婚経験者で前婚の時に子どもを儲けていたなど「相談者が知らない事実」がないとも限らないからだ（＝相談者を「信じない」）。

　次に，相談者が抱えている不安に次のように一つひとつ丁寧に次のように答えた。

「子どもたちは仕事や子育てで忙しくて手伝ってくれない」

「足が少し不自由で何度も役所や銀行に行くのが辛い」

> ↳　原則として，「印鑑登録証明書」以外は私が収集する。また，私が相続人の代理人として銀行の相続手続を行う。だから，役所や銀行に出向く必要はない（＝相談者を「動かさない」）。

「長男はアメリカに海外赴任していて当分帰国しない」

> ↳　海外に相続人がいる場合，通常手続きが長期化するが，できるだけ速やかに完了するように段取りをする。長男とのやりとりは私がメールで行う。

「銀行に行ったら『夫の戸籍を全部持ってくるように』と言われた」

> ↳　「職務上請求書」の使用許可を頂ければ，私がすべて役所に請求して取得する。

「おまけに払い戻しができなくなってしまった」「早く預金が下せるようにならないと生活に困る」

> ↳　お任せいただければ，代理人として速やかに払戻しができるように迅速に業務を遂行する。

「確か夫が生前『遺言を残した』ということを言ったような気がするけど，家中探しても見つからない」

> ↳ 自筆証書遺言は探し出すしかない（法務局における自筆証書遺言の保管に関する法律（遺言書保管法）の施行日（令和2年（2020年）7月10日）以前の場合）。しかし，公正証書遺言なら公証役場に「遺言検索」を請求することで公正証書遺言の有無の確認ができる。遺言検索も私が相続人の代理人として行うことができる。

「相続税がかかるか心配」

> ↳ 相続税については，相続税に精通しているパートナー税理士に引き継ぐ。※税理士に問い合わせたところ，相続税の発生の有無の回答までであれば，相談料として2万円で受任すると回答を得た。相談者に伝えたところ，金額について承諾を得た。

　以上のようにお伝えすると，「銀行の手続きまでしてくれるのですか」「印鑑登録証明書だけ集めればよいのですね」「私はメールが苦手なので息子と連絡を取ってくれると助かります」「遺言の検索もできるのですね」など私の回答に満足したようだ。相談者の表情は，面談の開始時と比べてだいぶ穏やかになっていた。

　そして私は，「遺産分けの内容は，お電話でお聞きしたとおり，自宅は奥様，預貯金は法定相続分のとおり奥様が2分の1，お子様がそれぞれ4分の1ずつでよろしいですか」と質問した。すると相談者は，「はい，そのとおりで結構です。子ども達も了解しています」と答えた。

　次に，「その他の財産はどなたが引き継がれますか」と質問をすると「他には大した財産はないんですよ」と答えたので，「ただ，『その他の遺産』もどなたが引き継ぐか決めておかないと，予期していなかった遺産が出てきた場合は改めて相続人全員で遺産分けの話合いを行わなくてはなりませんよ」と助言した。そして，その他の財産は「妻がすべて取得する」ということで相談者から子どもたちに話してみることになった。

　遺産分割の内容も把握できたので，準備していた「ロードマップ」（P53・54【現物資料3-2②】参照）に面談で収集した情報を書き加えて相談者に提示した

（P66・67【現物資料3-2③】参照）。

　そして「事実関係と遺産分割の内容がお聞きしたとおりであれば，本日ご依頼頂ければ3か月後に相続手続はほぼ完了する見込みです」と告げた。すると，相談者は「そのくらいで終わると助かります」と安堵の表情で答えた。

　実は，最短2か月程度で完了できると見込んだが，相続人調査をした結果，相談者が把握していない相続人が判明する等の「予期せぬ事態」が起きないとも限らないので，余裕を見込んで伝えておいたのだ。

　次に，相談者から「費用はいかほどですか」と質問を受けた。私は，あらかじめ用意しておいた「見積書」（P55【現物資料3-3②】参照）に面談で入手した情報を記入してロードマップと合わせて提示した（P66〜69【現物資料3-2③】・【現物資料3-3③】参照）。そして，見積書の一つひとつの項目について説明した（各項目の説明は，P38〜40【現物資料3-3①】の【解説】参照）。

　この見積書は，「ロードマップ」の流れと連動している。だから相談者は「問題解決のために私（＝行政書士）が『何』に『どれだけ』の労力（時間）を費やすのか」が見えるので，費用に対して理解を得やすいのである（P161 第Ⅳ部「2-2」参照）。

　相談者は，「すべて終わらせるにはこれだけの面倒なことをしなくてはならないのですね。私には到底無理です。このくらいの費用でやって頂けるのならぜひお願いします」と依頼の意思を明らかにした。

　そこで，忘れてはならないのは「業際」の説明だ。

　「お話を伺って，ご家族の関係は良好と理解しました。ただ，遺産分けの話し合いの途中で争いに転じてしまうことも残念ながらあります。万が一，相続人同士で争うようなことがあると，法により行政書士は業務を続けることができません。つまりそうなってしまうと私は辞任せざるを得ません。その場合は，私のパートナーの弁護士をご紹介することもできます。ご了承いただけますか」と万一に備えて業際についてお伝えした。すると，依頼者は「わかりました。争いごとになってしまうと先生にお願いできなくなってしまうのですね。

そのようにならないように十分気を付けます」と了解を得た。加えて，登記および相続税に関する業務は，私のパートナーの司法書士・税理士に任せてもらうことに承諾を得た。そして，私と司法書士および税理士の協力体制を依頼者に提示した（【図表5】協力体制図）。

【図表5】協力体制図

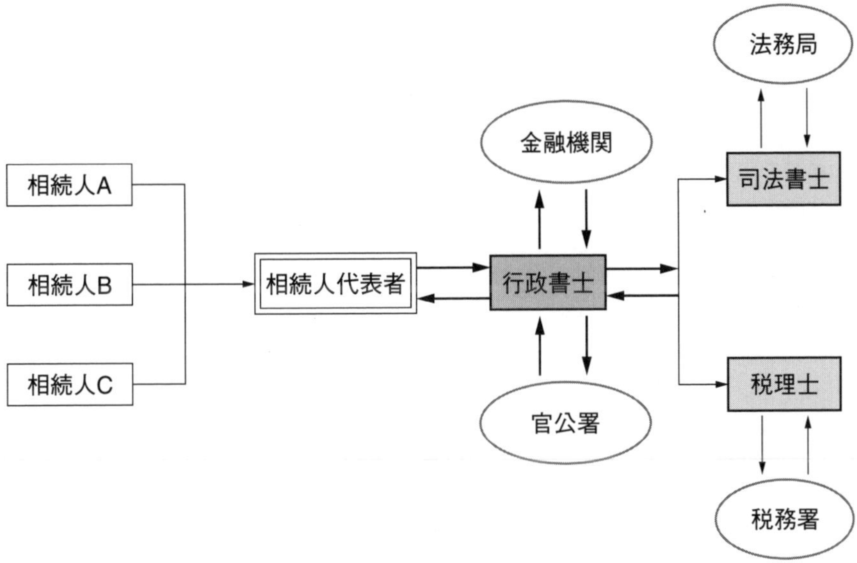

続いて，職務上請求書の使用の承諾を得るために「早速，相続人の範囲を確定するために，『職務上請求書』を使用して戸籍謄本を役所に請求したいと思いますがよろしいでしょうか。この職務上請求書は，戸籍法に基づいて，行政書士が業務の範囲内で戸籍謄本や住民票の写しを請求するために使用が許されています」と尋ねた。依頼者は，「はい，お願いします。私には（相続人の範囲を確定する戸籍謄本等を収集するのは）とても無理ですから」と使用を許可した。

以上の内容を確認するために，あらかじめ用意しておいた「委任契約書」

（P57【現物資料3-4②】参照）に，依頼者から承諾を得た金額を記入して業務内容，費用等を確認の上，署名を頂いた（P70【現物資料3-4③】参照）。

　最後に，面談の内容をお互いの共通認識にするために，依頼者に面談で提示した「ロードマップ」（P66【現物資料3-2③】参照）をコピーして手渡した（面談後の「面談シート」はP72【現物資料3-1③】参照）。

【現物資料3-2③】ロードマップ

面　談（令和2年4月4日）
☑事実関係の確認
☑業際の説明
☑報酬額の合意
☑受任
☑委任契約の締結
☑委任状の受領
☑職務上請求書の使用承諾
☐

事実関係の調査（4月5日頃～4月30日頃）
☐着手金のご入金（4月10日まで）＝業務スタート
☐相続人代表者（田中花子）様の印鑑登録証明書（3）通を入手
☐遺産分割の前提条件の調査
☐相続人の範囲の確定
　・職務上請求書による戸籍謄本等の請求・受領
　・「相続関係説明図」の作成
☐相続財産の範囲と評価の確定
　・**金融機関へ残高証明書等の請求・受領**（A銀行・B信用金庫・ゆうちょ銀行）
　・履歴事項全部証明書・固定資産税評価証明書の請求・受領
　・「財産目録」の作成
☐遺言の有無の調査→K公証役場に照会する

遺産分割協議の成立（5月30日頃まで）

□共同相続人全員が遺産分割の内容に合意する（＝遺産分割協議の成立）

□「遺産分割協議書」の作成

□共同相続人全員から署名・押印（実印）＋印鑑登録証明書の提出

□長男への連絡は当職が行う

□長男には印鑑登録証明書に代わり「署名証明」と「在留証明」の取得を指示

相続手続（6月1日頃〜6月30日頃）

□金融機関の手続き→預貯金の払戻し等

□相続登記（司法書士）

□相続税の申告（税理士）

□

□

相続手続の完了

・書類の納品

・残金のご入金（業務完了後5日以内）

【現物資料 3-3 ③】見積書（分解見積）

見 積 書

田中花子　様

「遺産分割協議」について，下記のとおりお見積いたします。ご検討の程，よろしくお願いいたします。

手数料	¥576,000
消費税（10％）	¥57,600
実費・立替金	¥16,400
見積金額合計	**¥650,000**

手数料

区　分	件　　名	手数料額 （単価）	摘要 （枚数等）	単位	金額
基本料金	業務に要する時間	¥5,000	40	時間	¥200,000
手数料	相続人1名あたり加算料金	¥15,000	3	人	¥45,000
〃	相続人の範囲の調査（基本料金）	¥20,000	1	式	¥20,000
〃	戸籍謄本等の請求・受領	¥1,500	10	通	¥15,000
〃	「相続関係説明図」の作成	¥10,000	1	通	¥10,000
〃	相続財産の範囲と評価の調査（基本料金）	¥20,000	1	式	¥20,000
〃	固定資産税評価証明書，履歴事項全部証明書等の請求・受領	¥1,500	4	通	¥6,000
〃	「財産目録」の作成	¥10,000	1	通	¥10,000
〃	「遺産分割協議書」の作成	¥20,000	1	通	¥20,000
〃	金融機関手続代行	¥40,000	3	行	¥120,000
〃	金融資産（2,000万円）の0.5％	¥100,000	1	式	¥100,000
〃	**遺言検索**	¥10,000	1	回	¥10,000

①小計		¥576,000
②消費税（10％）		¥57,600
③合計（①＋②）		¥633,600

実費・立替金額明細

区　分	件　　名	単価	摘要 （枚数等）	単位	金額
実費相当額	相続人の範囲の調査（戸籍謄本等）	¥5,000	1	式	¥5,000
〃	相続財産の評価と範囲の調査（固定資産税評価証明書，履歴事項全部証明書，残高証明書等）	¥4,000	1	式	¥4,000
〃	交通費，郵送費，複写代等	¥8,000	1	式	¥8,000
その他	**千円未満切り捨て**	¥－600	1	式	¥－600
				実費・立替金合計…B	¥16,400

※見積の前提条件の変更や実費等の清算の都合上，ご請求金額が上記金額と異なる場合があります。
　あらかじめご了承ください。
※司法書士（不動産登記），税理士（税務申告）等の他の専門職に業務を委託する場合は，別途費用が

かかります。

1. 業務内容：遺産分割協議に係る次の業務
　　　　(1) 相談業務
　　　　(2) 書類の請求及び受領（戸籍謄本，登記簿謄本，固定資産税評価証明書等）
　　　　(3) 書類の作成（「遺産分割協議書」「相続関係説明図」「財産目録」等）
　　　　(4) 金融機関の相続手続の代行（銀行，証券会社等）
　　　　(5) 上記（1）〜（4）に係る一切の業務

2. 特約：(1) 相続人の間で紛争が生じた場合は，行政書士法等により業務を継続できません。あらかじめご了承ください。
　　　　(2) 着手金の着金を確認次第，業務に着手します。

3. お支払方法：(1) 着手時に，手数料の6割と実費相当額の合計をお支払ください。残金は業務完了後5日以内にお支払ください。なお，着手金の返金は，当職の責による業務遂行の中止の他，一切なしとします。
　　　　(2) 司法書士または税理士に業務を委託する場合は，委託前にご入金ください。

4. お振込先：税経銀行　飯田橋支店　（普通）7654321　S川行政書士事務所　S川太郎（エスカワギョウセイショシジュムショ　エスカワタロウ）
　　　　※振込手数料が発生する場合は，ご負担いただきますようお願いいたします。

5. 見積有効期限：　**令和 2 年 4 月 11 日（土）**まで

　　　　　　　　　　　　　　令和2年4月4日（土）

　　　　　　　　事務所　東京都千代田区飯田橋1-2-3　アサヒビル123号室
　　　　　　　　　　　　　　電　　　話　03-1234-5678
　　　　　　　　　　　　　　ファックス　03-1234-5679

　　　　　　　　　　　　　　　　S川行政書士事務所

　　　　　　　　　　　　　行政書士　S川　太郎

【現物資料 3-4 ③】委任契約書

法 律 事 務 委 任 契 約 書

委任者（甲）住　　所　　<u>東京都中野区阿佐谷北 1 丁目 2 番 3 号　アレーズ阿佐ヶ谷 123 号</u>
　　　　　　氏　　名　　　　<u>田中花子</u>　　　（相続人代表者・被相続人の　<u>妻</u>　）

受任者（乙）住　　所　　東京都千代田区飯田橋 1-2-3　アサヒビル 123 号室
　　　　　　氏　　名　　S 川行政書士事務所　行政書士　S 川太郎
　　　　　　　　　　　　東京都行政書士会所属・登録番号：第 19012345 号

　委任者　<u>田中花子</u>　（以下「甲」という）と受任者　S 川行政書士事務所　行政書士　S 川太郎（以下「乙」という）は，以下のとおり法律事務委任契約を締結する。
　　乙は，行政書士法その他法令を遵守し，遺産分割協議および相続手続が速やかに完遂することを目指し，甲は乙の業務遂行に協力する。

（業務の範囲）
1. 依頼の内容：甲は乙に被相続人　<u>田中一郎</u>（　<u>昭和 13</u> 年 <u>11</u> 月 <u>13</u> 日生，<u>令和元</u>
　　<u>年 10 月 3 日死亡</u>）の遺産分割に係る次の業務を依頼する。

　　（1）相談業務
　　（2）調査業務
　　　　①相続人の範囲の確定
　　　　②相続財産の範囲および評価の確定
　　（3）書類作成業務
　　　　①相続関係説明図
　　　　②財産目録
　　　　③遺産分割協議書
　　　　④その他相続手続に関する書類
　　（4）相続手続業務
　　　　次の金融機関の相続手続
　　　　①　<u>A 銀行　阿佐ヶ谷北支店</u>
　　　　②　<u>B 信用金庫　阿佐ヶ谷支店</u>
　　　　③　<u>ゆうちょ銀行</u>
　　（5）以上，(1)〜(4)に係る一切の業務

（支払の金額及び期日）
2. 甲は乙へ次のとおり 2 回に分けて金員を支払うものとする。
　　（1）着手金：金 <u>396,560</u> 円（税込）
　　　　　振込期日：<u>令和 2</u> 年 <u>4</u> 月 <u>10</u> 日（<u>金</u>）まで
　　（2）手数料：金 <u>253,440</u> 円（税込）
　　　　　振込期日：業務が完了後 10 日以内

なお，乙の責による業務の中止の他，着手金の返金は一切なしとする。また，実際に行った業務内容及び経費の精算の都合上，(2)の請求金額が異なる場合がある。

（支払方法・振込先）
3. 甲は下記に振込するものとする。
　　ただし，振込手数料が発生する場合は，甲が負担するものとする。

　　　行政銀行　飯田橋支店　(普) 7654321　口座名義　Ｓ川<ruby>行政書士事務所<rt>えすかわぎょうせいしょしじむしょ</rt></ruby>

（業務着手）
4. 乙は甲から前掲「2(1)」の着手金の入金が入金後，直ちに本業務に着手するものとする。

（特約）
5. 次の場合は，乙は本件を辞任することができる。
　　(1) 乙が，共同相続人間で合意形成の意思が見られないと判断した時
　　(2) 共同相続人間で調停・訴訟の因をなす紛争状態が生じた時

（その他）
6. 本契約に定められていない事態が発生した場合または疑義が生じた場合は，甲・乙双方協議し速やかに事態が解決するように努めるものとする。

　　以上の内容を甲・乙双方十分理解した証として本書2通を作成し，双方記名（または署名）・押印の上，各自1通ずつ所持するものとする。

　　　　　　　令和2年　4　月　4　日

　　　　　　　　住所　　東京都中野区阿佐谷北1丁目2番3号
　　委任者（甲）　　　　アレーズ阿佐ヶ谷123号
　　　　　　　　氏名　　山田　花子　　　　　　　　　㊞

　　　　　　　　　東京都千代田区飯田橋 1-2-3　アサヒビル 123 号室
　　受任者（乙）

　　　　　　　　　Ｓ川行政書士事務所　行政書士　Ｓ川太郎　㊞

【現物資料 3-1 ③】面談シート

面談者：（ 田中花子 ）様　打合せ日時：令和2年 4 月 4 日（土）・午前・午後10時00分

項　目	内　容		
被相続人	氏　名：田中一郎 生年月日：昭和13年11月13日 死亡日：令和元年10月3日		
遺産分割の 状況・方針	進捗状況 遺産分割はこれから行う（口座凍結済→早期の払戻し希望）		
	方　針 ・自宅マンションは妻，金融資産は法定相続分のとおりに分ける方針		
紛争性の有無	有・無（有の場合は，その状況）		
相続人	相続関係説明図 被相続人 田中一郎　───── 長男　田中真一 田中花子　───── 長女　鈴木由美		
	利益相反が生じる者	有・無	
	判断能力が不十分な者	有・無	
	行方不明者	有・無	
	見知らぬ相続人	有・無	
	海外に居住している者	有・無　長男	
	合意を得るのに困難が予想される者	有・無	
相続財産	金融資産	・A銀行 ・B信用金庫 ・ゆうちょ銀行	共同相続人が法定相続分のとおり 取得する。
	不動産	・自宅マンション→妻が取得する ・ ・	
	その他	・「その他の財産」→妻が全て取得する ・ ・	

【備　考】
・遺言の有無不明→公証役場に遺言検索を照会する。
・長男との連絡は，行政書士が行う。
・相続税の申告の有無の調査は，パートナー税理士に依頼する。

6　業務遂行

　まず，依頼者から委任状を頂いて，公証役場に公正証書遺言の有無を照会した。その結果，公正証書遺言は存在しないことが判明した。

　さて，遺産分割の前提条件は，「相続人の範囲の確定」と「相続財産の範囲及び評価の確定」の2つである。この2つの確定なくして業務は一歩も進まない。

　そこで，まず依頼当日に，次のことを実行した。

・依頼者が持参した戸籍謄本（＝被相続人の死亡が記載されているもの）を基に，職務上請求書を使用して，本籍地の市役所へ戸籍謄本を郵送請求した。
・法務局に不動産の登記事項全部証明書を郵送請求した。
・依頼者に「委任状」（固定資産税評価証明書の請求・受領及び銀行の手続きに関するもの）および着手金の「請求書」を郵送した。
　なお，その中に委任状の返信用レターパックも同封した。そして，「郵便追跡サービス」を利用して依頼者が書類を発送したか否かを確認できるようにするために返信用レターパックの「追跡番号」を控えておいた。

　そして依頼者から郵送5日後に委任状が届いた。また，同日に着手金の入金が確認できた。

　海外赴任している長男には，まず，母親（＝依頼者）から相続手続の依頼を受けた旨をメールで伝えた。なお，身分証明として，日本行政書士会連合会の「行政書士会員検索」の私のURLをメールに添付した。そして，メールを送信した翌日に，長男から返信が着き，今後の手続きに関して直接連絡を取り合うことに了解を取り付けた。次に，長男に印鑑登録証明書に代わる書類として日本領事館に「署名証明」と「在留証明」を予備の分も含めて5通請求するように指示を出した。

　依頼の当日に請求した戸籍謄本は3日後に事務所に届いた。その後順次請求した結果，依頼から2週間後に相続人の範囲を確定するために必要なすべての

戸籍謄本等（＝被相続人の出生から死亡および相続人全員のもの）がそろったので「相続関係説明図」を作成した。なお，相続人は依頼者が面談で言っていたとおり，妻と子ども2人の計3名であった。以上で相続人の範囲が確定した。

　戸籍謄本がそろい，相続関係説明図も作成できた。そこで，残高証明書を請求するために電話で予約を入れたうえでA銀行に出向いた※**以下A銀行の手続きについて詳述する。B信用金庫とゆうちょ銀行については，手順は同様のため省略する。**

　銀行窓口で対応して頂いた行員は丁寧に対応してくれた。そこで，「次回，『相続届』（＝銀行所定の様式）をお持ちする際もご対応して頂けませんか」と依頼したところ，「はい，その方が早く手続が進みますね。私宛にお電話ください」と快諾してくれた。そして，名刺を交換して銀行を後にした。それから7日後に「残高証明書」が事務所に簡易書簡で届いた。

　不動産の登記事項全部証明書，固定資産税評価証明書並びに銀行の残高証明書がそろったので「財産目録」を作成した。以上で相続財産の範囲と評価が確定した。

　このとおり，受任から約20日で遺産分割の前提条件である「相続人の範囲」と「相続財産の範囲と評価」の2つが確定できた。そこで，面談でヒアリングした内容を基に「遺産分割協議書」の文案を作成した。

　文案ができたところで，パートナーの司法書士と税理士に連絡をした。

　司法書士には遺産分割協議書の文案の内容で問題なく登記申請ができるか確認を入れた。その結果，司法書士からは「問題なし」との回答を得た。そして，登記に係る見積書を発行してもらい，依頼者に提示したところ「この内容でお願いします」と了承を得た。

　また，税理士には相続税の発生の有無について照会をした。税理士からは「相続税は発生しない」と回答が届いた。なお，税理士には，相談料として，依頼者から2万円をお支払い頂いた。

　この段階で，依頼者に電話をして経過を報告した。依頼者は，相続人の範囲

および相続財産の範囲と評価が想定どおりであることと，相続税が発生しないことを知って安堵していた。そして，次回の打合せの日時を決めた。

　面談から1か月後，依頼者と面談後初めての打合せをした。面談の時と違って，穏やかな表情であった。きっと相続手続が順調に進んでいることに安心しているからであろう。

　今回の打合せの目的は遺産分割協議の内容の確認である。まず，「相続関係説明図」と「財産目録」を提示して相続人の範囲および相続財産の範囲と評価について説明した。

　次に，「前回の面談では『ご自宅は奥様，預貯金は法定相続分のとおりに分け合う』ということでしたが，お変わりありませんか」と遺産分割の内容を確認した。すると依頼者は「はい。子ども達にも念のため確認しましたが，『このとおりでいい』と言っています。私も同じ意見です」と内容に変更がないことを確認した。

　そこで，あらかじめ用意しておいた妻と長女への「遺産分割協議書」「相続届」および「委任状」をお渡しした。なお，これらの書類と合わせて返信用レターパックもお渡しした。また，「遺産分割協議書」と「相続届」には記載見本（＝赤文字で「記入例」を書いたもの）を添付した。そして，海外に在住している長男には，事務所から同様の書類（ただし，レターパックを除く）を直接送った（遺産分割協議書の作成については，拙著『行政書士のための遺言・相続実務家養成講座（新訂第2版）』P171〜183 参照）。

　1週間後，依頼者から，妻と長女の署名・押印された「遺産分割協議書」「相続届」「委任状」および「印鑑登録証明書」（妻のものは既に提出されているので，今回は長女のみ）が届いた。また，長男からは，発送から2週間後に署名・押印された「遺産分割協議書」「相続届」「委任状」および印鑑登録証明書に代わる「署名証明」と「在留証明」が届いた。

　銀行の相続手続に必要な書類（「遺産分割協議書」「相続届」「委任状」「印鑑登録証明書」「署名証明」「在留証明」銀行の「通帳」「カード」）が調った。そ

こで，名刺を交換しておいた行員に「必要書類が揃いました。できるだけ早く手続きを行いたいのですが，ご都合いかがですか」と尋ねたところ，翌日の午後2時にアポイントを取ることができた。

　翌日，相続人から提出された書類一式と私の身分証明書（運転免許証，行政書士会の会員証）と印鑑登録証明書・実印を持参してA銀行に行った。受付に「相続手続で伺いました。○○さんとお約束しています」と告げると，すぐに相談カウンターに通してもらえた。行員は素早く書類をチェックして「書類はすべてそろっています。では，早速本部の相続部門で書類の内容を確認させて頂きます。問題なければ10日前後でご指定の口座（＝妻の口座）にお振り込みさせて頂きます」と説明した。なお，妻の口座に全額振り込み，妻から子どもの口座に遺産分割協議書の内容に基づいて振込むようにした。私は，払戻し手続きを済ませて銀行を後にした。銀行での所要時間は約1時間と短時間であった。前回接客してくれた行員を指定したことが功を奏したようだ。

　なお，提出した戸籍謄本，遺産分割協議書および印鑑登録証明書（署名証明，在留証明）は，銀行がコピーしてその場で返却された。

　銀行に払戻手続を行った翌日には，司法書士事務所に相続登記の必要書類を届けた。なお，依頼者には，司法書士報酬（登記手数料を含む）を，法務局への申請前に司法書士の指定口座に直接振り込んでもらった。

　銀行で申請してから10日後に，A銀行から「払戻手続の完了通知」が届いた。また，司法書士事務所からは，必要書類を届けてから2週間後に登記完了を知らせるメールが届いた。

　このように，依頼を受けてから約2カ月で不動産の登記を含むすべての業務が完了した。そこで，依頼者に相続手続が完了したことを電話で伝え，必要書類をお渡しするために3日後に事務所で会うことになった。なお，書類は，納品した書類が一目でわかるようにリストを作成した（**【現物資料4】納品リスト** P78 参照）。

お電話をしてから3日後に依頼者と会うと，開口一番「おかげさまで早く手続きが済んでとても助かりました。これで葬祭費用も遺産から支払うことができます。本当にありがとうございました。それに，先生から進捗状況の報告を頂けたので心強かったです」と感謝の言葉を頂いた。この言葉を聞いた瞬間「この仕事をやって良かった」と心底思えた。

　そして，手続きに関する書類を「納品書類リスト」に記載された順に説明して納品した。「納品書類リスト」を見た依頼者は，「こんなにたくさんの書類が必要だったのですね。私にはとても無理です。先生にお願いして本当によかったです」と改めて感謝の言葉を頂いた。そして，「納品書類リスト」に受領のサインを頂いた。

　一通り説明が済んだころで，「年賀状などお届けしたいのですがよろしいでしょうか」とお伺いすると「ぜひそうしてください。私も先生と連絡が取れると心強いです」と快諾して頂いた。

　最後に請求書をお渡しした。実は，業務遂行中に，面談でお聞きしていた以外に新たに2行の通帳が出てきた。本来であれば，2行分の追加請求をすべきところであったが，夫人のご協力のおかげで業務が速やかに進行していたので，1行分の追加費用でご請求した。夫人にこのことを告げると「お気遣いありがとうございます」と感謝の言葉を頂いた。そして，請求書に振込み期限は「請求書発行日から2週間以内」と記していたが，打合せの翌日に振り込まれた。

【現物資料4】納品リスト

田中花子様

被相続人田中一郎様の相続手続に関する下記書類をお届けいたします。ご査収の程，よろしくお願いいたします。

記

1. 遺産分割協議書…3通　※印鑑登録証明書付き

2.「相続人の範囲」を証する書類
(1)相続関係説明図
(2)戸籍謄本等…12通

3.「相続財産の範囲と評価」を証する書類（銀行の払戻し手続きの書類を含む）
(1)財産目録
(2)銀行に関する書類
①A銀行
　イ）残高証明書
　ロ）通帳…1通
　ハ）相続書類お預り明細
　ニ）相続届
　ホ）相続完了のお知らせ
　ヘ）預金払戻請求書・預金口座振替による振込受付書
　ト）お利息計算書
②B銀行
　イ）残高証明書
　ロ）通帳…2通
　ハ）相続書類お預り明細
　ニ）相続届
　ホ）相続完了のお知らせ
　ヘ）預金払戻請求書・預金口座振替による振込受付書
　ト）お利息計算書
③C信託銀行
　イ）残高証明書
　ロ）通帳…1通
　ハ）相続書類お預り明細
　ニ）相続届
　ホ）相続完了のお知らせ
　ヘ）預金払戻請求書・預金口座振替による振込受付書
　ト）お利息計算書
④D信用金庫
　イ）残高証明書
　ロ）預り証
　ハ）相続手続依頼書
　ニ）死亡届
　ホ）相続手続終了のお知らせ
　ヘ）振込受付書
⑤ゆうちょ銀行
　イ）調査結果のお知らせ
　ロ）払込依頼書

4. 不動産に関する書類
　イ）登記識別情報通知書…1通
　ロ）履歴事項全部証明書…1通
　ハ）固定資産税評価証明書…1通

以上

令和2年6月11日

東京都千代田区飯田橋1-2-3
アサヒビル123号室
S川行政書士事務所
行政書士　S川　太郎　㊞

7　アフターフォロー

　夫人とは毎年年賀状と暑中見舞いのやり取りをしている。そして，亡夫の相続手続の面談をしてからちょうど1年が経った頃にお電話を頂いた。以下がその時の会話である。

夫人「主人の手続きでは大変お世話になりました。ところで，遺言書があると相続の手続きが簡単に済むと聞いたのですが」

私「遺言書があれば，ご主人様の時のように遺産分割協議をしなくても遺産を引き継がせることができます。しかも，ご自分の好きなように残すことができます」

夫人「では，一度お話を伺いたいのですけどよろしいですか」

私「もちろんです。では早速ですが明後日の1時頃はいかがですか」

夫人「大丈夫です。ところで相談料はおいくらですか」

私「通常は9,000円を頂いていますが，前回ご依頼を頂いておりますので今回に限り無料とさせて頂きます」

夫人「お気遣いありがとうございます。どうぞよろしくお願いします」

私「では，明後日1時に事務所でお待ちしています。お気を付けていらしてください」

　そして，2日後の面談の場で，夫人から公正証書遺言の作成の依頼を受任した。その後も夫人からは「何かの時はS先生に相談しますね」とお言葉を頂いている。先月は亡夫の相続手続で困っている知人をご紹介頂いた。夫人とは遺言で遺言執行者に指定されているので一生のお付き合いになりそうだ。

2-1　準備①（実務脳の習得）

内的要因で業務を選択するため，専門性が自然に身に付く。

1 取扱い業務の決め方

①　内的要因（「好き」）を基準に決める

　「好きこそものの上手なれ」というように，好きだから熱中できる。その

結果，自然と専門性が高まる。

②　頑張らなくてもできる

「好き」が原動力だから，「頑張らなきゃ！」といったように気合いを入れる必要がない。朝起きたらすぐにでも学びたくてしょうがないといった感じ。

2 専門知識の習得方法

「仕事」にするには準備が大事と肝に銘じている。

①　「慎重な姿勢」と「顧客重視」の考えに基づく

「行政書士試験に合格した程度の状態で受任してしまったら依頼者に迷惑をかけてしまう」と，自分の能力を客観的に判断し，なおかつ，依頼者（＝顧客）の利益を重視した考えに基づいて行動する。

②　論理的思考が身に付く

原則として，官公署以外のネットは信用しない。定評ある基本書と実務書のクロスリファレンスを繰り返すことによって，実務で求められる「論理的思考」が身に付く。その結果，セミナーや面談の場で，ターゲット顧客や相談者を魅了するパフォーマンスを提供することができる。

③　知識の吸収に貪欲

遺言・相続業務を行うにあたり，自分の直系尊属・直系卑属の戸籍謄本を収集してみる。定評ある書籍は費用を惜しまずに直ちに購入する。また，復習・確認の場として研修に参加するなど，知識の吸収に貪欲である。

④　行政書士法を習得する

行政書士として活動するのだから，当然行政書士法を知っておくべきと心得ている。

行政書士法を習得することで，業務の範囲を理解し，業際等のトラブルを

防止できる。

⑤ 実務脳を刺激する

実務家が講師を務めるセミナー等に参加して実践感覚を養う。

3 「アプローチ」の準備をする

開業直後からアプローチできるように，専門分野に関するコンテンツを作成し資料を入手する。

① セミナーの準備をする

金融機関主催のセミナーを参考にして開業直後に開催するセミナーの準備（レジュメの作成等）をする。

② 取扱い業務の研究をする

金融機関の「相続届」を入手して相続手続を研究する。

4 「引合い」の準備をする

問合せが来た時に的確に対応して面談につなげるために「引合いメモ」を作成する（P33【現物資料2①】参照）

5 「面談」の準備をする

「面談5点セット」(P34〜44【現物資料3-1①】〜【現物資料3-5①】参照）等の実務で使用するコンテンツを作成することによって実務を強くイメージできるようになる。なお，準備不足の状態ではこのようなコンテンツの作成は不可能である。したがって，準備不足の点を明らかにすることができる。このように，実務で使用するコンテンツの作成は，実務脳の精度を高めることに直結する。

2-2　アプローチ

ターゲット顧客の生態を理解しているので，的を射た宣伝活動を行う。そのため，ターゲット顧客の心に響く。

■1 方法・基準

自らリサーチし，ターゲット顧客の立場に立って行動する。

①　自ら動く

自らターゲット顧客をリサーチして日常生活をイメージできるレベルまで深く洞察する。

②　ターゲット顧客の立場で考える

ターゲット顧客の立場に立つことで，的を射た宣伝手段を選択する。結果として，高い確率でターゲット顧客に声が届く。

■2 内容（セミナー）

「さすが専門家！」といった話材を織り交ぜることで参加者の興味を惹く。

①　特定少数に的確にヒットする

ターゲット顧客を明確にしたうえでアピールする（目の前にいる一人のターゲットに問いかけるイメージ）ため，引合いにつながる確率が高い。

②　内容に深みがある

ターゲット顧客を深く理解しているので参加者にとって深みがある有益な内容になる。そのため，存在が参加者の印象に残りやすい。

column 5

セミナー成功の判断基準

　まず，想定するターゲット顧客（＝参加者）について深く考え抜く。そのターゲット顧客が何に困っているのか，その原因は何か，そして，その原因を速やかに取り除くにはどうしたらよいのか洞察する。そのうえで，セミナーの構成を組み立ててみる。

　構成がある程度出来上がった段階で，ターゲット顧客の一人に語ってみる。そこで，相手が「そこが知りたかったんだ！」「それからどうなるの？」といった具合に，興味津々で前のめりになってくるようであれば，セミナーは高い確率で成功するはずだ。

　反対に，「そうなんだ…」程度のさほど興味を示さないようなら，まだ自己満足のレベルを脱していない。再考の余地がきっとあるはずだ。

2-3　引合い

　周到な準備を行っているため，面談を効率よく行うのに必要な情報を的確に収集できる。その結果，引合いから間を置かないで面談ができる。

◼ 問題解決の要点

準備しておいた引合いメモを活用して，適格に情報を収集する。

①　「引合いメモ」を基にヒアリング

　問題解決の基盤となる事実関係を的確に把握する。

②　面談を効果的に行う情報を聴き取る

　遺産分割の前提条件である「相続人の範囲」と「相続財産の範囲と評価」をヒアリングする。

◼ 面談までが短期間

相談希望者の都合を最優先して日時・場所を決める。

❸ 通話時間が短い

話しを仕切ることができるので，通話時間が短くてすむ。

▌2-4　準備②（面談に臨む準備）

引合いで収集した情報を基に，相談者の現状をイメージしたうえで，相談者に応じた面談を，短時間で効果的に行うための準備をする。

❶ 内容

まず，相談者の現状をイメージし，相談者が抱えている問題を解決するための知識を確認する。そのうえで，面談に向けて，具体的なコンテンツを準備する。また，面談の場で報酬額の目安を提示できるように準備する。

①　相談者が置かれている現状を深くイメージする

相談者の現状を深くイメージして面談に向けて準備すべきことを的確に把握する。

②　問題解決に求められる知識を確認する

相談内容に該当する箇所を「基本書」「実務書」「判例集」そして「条文」で確認する。

③　相談者に「カスタマイズされた面談」を提供するための準備をする

引合いで得た情報を基に，「面談5点セット」（P52〜60【現物資料3-1②】〜【現物資料3-5②】参照）を活用して，相談者の実情に合った面談を実行するための準備をする。

❷ 報酬

業務の量と難易度を反映し，業務の手順に則した「分解見積」を準備する。

2-5　面談

　相談者の話しを余裕ある態度で十分に聴く。そのうえで，相談者に悩みを解決するまでの道筋（＝ロードマップ）（P66【現物資料3-2③】参照）を提示して信頼を得る。さらに，見積書（＝分解見積）を提示して面談の場で受任する。

■1 行政書士主導

　十分な準備が功を奏して，次のとおり行政書士主導で進む。

① 　相談者の話しを十分聴く（ただし，信じない）

② 　相談者の知識を大きく上回る

③ 　結果として，相談者を魅了し，面談の場を制する

■2 ロードマップの提示

　問題を速やかに解決する道筋（＝ロードマップ）を示すことができる。

■3 コンサルティングセールス

　相談者の悩みを読み抜いたプラスワンの提案（銀行の相続手続）をする。

■4 業際の説明

　業際を説明することによって，次の2つを実現する。

① 　身を守る

② 　相続人間の紛争を予防する

---

column 6
業際の存在意義と業際を守らなければならない理由

　国家資格者である士業の使命は「国民の利便に資する」ことである。国民の利便に資するとは，国民に良質なサービスを提供することである。そのためには，士業は専門性の高い知識の習得が求められる。

　そこで，国は法で各士業に独占業務，すなわち法によって守られた安定した職域を与えた。そして，その代償として，それぞれの独占業務の範囲内で研鑽して専門能力を高めて国民の役に立つこと，すなわち，「国民の利便に資すること」を士業に課したのである。

　周知のとおり，行政書士の業務は広範囲に及ぶ。与えられた業務範囲の中で専門性を高めるだけでも相当な研鑽が必要である。同様に他士業も独占業務で相当な研鑽を積んでいる。それにも関わらず他士業の独占業務に踏み込むことは，知識不足の状態で他士業の高度な専門領域に踏み込むことを意味する。

　専門性に劣る者がその領域に踏み込めば高い確率で失敗することは目に見ている。そのツケは依頼者である国民に回ってくる。このことは，国家資格者としては決して行ってはならないことである。

　このように，業際を破ることは，国民に不利益を及ぼすことに直結することを肝に銘じておきたい。

5 報酬の決定

　次のとおり面談の場で見積を提示して，相談者から信頼を得て，ほぼ見積の提示金額で受任する。

① 面談の場で見積を提示する

② 分解見積を提示する

③ ロードマップと合わせて内容を説明する

6 受任

　受任して直ちに着手できるようにする。

① 面談の場で受任する

② 委任契約を締結する

③ 「職務上請求書」を使用する許可を得る

2-6 業務遂行

　面談で問題解決までの道筋を把握できたことで速やかに業務が遂行する。相談者は悩みが早期に解消されたことに満足する。その結果，報酬を想定より早く手に入れることができる。

1 速やかな業務遂行

　次のとおり速やかに業務を遂行する。

① 受任直後に業務に着手する

　ロードマップに沿いながら効率よく粛々と業務を進める。

② 依頼者を「動かさない」

　原則として「印鑑登録証明書」以外の書類は代理人として収集する。

③ 依頼者を「放置しない」

　タイミングを見計らって依頼者に経過を報告する。

---

column 7
職務上請求書を使用する前にすべきこと

　戸籍謄本等の交付を請求することができる者は，原則として，戸籍に記載されている者又はその配偶者，直系尊属若しくは直系卑属である（戸籍法10条）。

　ただし，弁護士，司法書士，土地家屋調査士，税理士，社会保険労務士，弁理士，海事代理士又は行政書士は，受任している事件又は事務に関する業務を遂行するために必要がある場合には，戸籍謄本等の交付の請求をすることができる（戸籍法10条の2第3項）。

　つまり，行政書士は，受任している事務に関する業務を遂行するために必要がある場合に限り，職務上請求書で戸籍謄本等を請求できるのである。

　戸籍謄本等は重要な個人情報が記載されている。職務上請求書を使用する場合は，依頼者にその制度と役割を説明し，依頼者から使用の承諾を得てから使用しなければならない。

２ 入金が早い

　当初の予定より早く完了し，しかも依頼者が行政書士の仕事に満足しているため，入金が想定より早まる。

column 8
行政書士は見た！ 順調な経営を続けるA司法書士と貧乏暇なしのB司法書士との"ちょっとした"差

　私のパートナーの司法書士A先生は業歴20年。補助者を3名雇用している。気配りが行き届いて仕事は速く丁寧だ。

　A先生は「印鑑登録証明書」以外の必要書類を依頼者に代わって収集する。その理由を聞くと，「だって，戸籍を一つ取るだけでも依頼者の方は大変じゃないですか。それに，自分がやれば間違いなくすぐに入手できるから仕事も早く終わります。入金も早くなるし，経営的にもその方がよいですよね。なによりお客様の負担が軽くなります」とおっしゃる。

　一方，司法書士のB先生は，依頼者に必要な書類のリストを手渡して，「これ集めてきてくださいね」と言って依頼者に取得させている。以前，B先生の事務所を訪ねたときに，「なかなか依頼者が書類を出してこないので仕事が進まなくて困るよ。やっと持ってきたと思ったら今度は書類が足りないときたもんだ」とぼやいていた。
　B先生に「先生はご自分で資料を集めたりしないのですか」と尋ねると，「忙しくて手が回らないよ。そのくらい依頼者にしてもらわなくては割に合わないよ」とさらにぼ

やいていた。

　A先生はきめ細かいサービスで顧問先を順調に増やしている。一方，B先生は，相変わらず忙しいようだが，業績は芳しくないようだ。

2-7 アフターフォロー

　業務完了後も依頼者と年賀状等で関係を継続する。そして，「いざ！」というときは「行政書士のS川先生」と依頼者の脳裏に深くその存在が刻み込まれる。

1 実施する

　業務完了直後に，継続的な連絡の承諾を得て，年賀状と暑中見舞いを届ける。

2 歓迎される

　「いざ！」といったときは「行政書士のS川先生」といった具合に，「脳のSEO対策」に成功する。

F山行政書士の失敗事例とS川行政書士の成功事例を顧客（＝相談者・依頼者）の立場から評価する。まずは，F山行政書士の顧客の声から聴いてみよう。

3-1　準備①（実務脳の習得）

顧客は関与しないプロセスのため顧客の「内なる声」はなし。

3-2　アプローチ

インターネットや雑誌などに載っている内容ばかりで，「さすがプロ！」といった興味を惹くものは特に見当たらない。

3-3　引合い

市報に「遺言・相続の相談ならお任せください！　早期解決いたします！F山行政書士事務所」という広告を目にした。市報に載っているので信用できる人だろうと思い，思い切ってF山先生に電話をしてみた。夫の相続で今まで抱え込んでいた悩みが一気に押し寄せて気付いたら30分も一方的に話していた。F山先生はあいにく忙しいらしく，「10日後でないと面談ができない」と告げられてしまった。一日も早く専門家に会って解決したかったのだけど，他に当てもないので面談の予約を入れることにした。広告には「早期解決いたします！」と自信満々に書いてあったのに出鼻をくじかれてしまった。

3-4　準備②（面談に臨む準備）

顧客は関与しないプロセスのため顧客の「内なる声」はなし。

3-5　面談

　やっと面談の日がやってきた。面談を待っている間に不安な気持ちがどんどん膨らんでしまった。だから，電話で面談の予約をした時と同様に，自分の気持を押さえることができなくて取り留めもなく話してしまった。

　いくつか教えて欲しいことがあったのだけど，F山先生から「10日ほどお時間を下さい」と言われてしまった。また10日も待たされてしまうのかと正直がっかりした。

　気になるのは費用だ。そこで尋ねてみると，「次回の打合せに見積を出す」とのことだった。行政書士のような専門家に今まで相談したことがなかったので，「そういうものなのか」と思ったが，悩みの解決も費用も見通しがつかなくて不安が増す一方だ。一応「では，よろしくお願いします」と言って事務所を後にしたが，もし他に頼りがいがある専門家が見つかればその人に任せようと思った。

　事務所を訪問してからインターネットで頼りになりそうな専門家がいないか探したり知人に心当たりがないか尋ねていた矢先に，F山先生から電話が入った。気付いたら面談からもう10日が過ぎていた。「質問の回答と見積が用意できた」とのことだった。すぐにでも会いたかったが，ボランティアをしている点字サークルの提出物の締め切りが迫っていたので，7日後に事務所に伺う約束をした。今更他の専門家に頼むのも手間なので仕方ないが会うことにした。結局，行政書士に電話をしてから次回の打合せまで1か月も経つのに何も進んでいない…。不安が募る一方だ。

　約束の日時に事務所を訪ねると，F山先生は見積を提示してきた。見積には，「遺産分割協議・一式・10万円」と書かれていた。正直なところ，安いのか高いのか，それとも適正価格なのかさっぱりわからない。

　その時，専門家を探している時に，ある行政書士が「遺産分割協議書の作成5万円」とホームページに掲載していたのを思い出した。そこで，「他の行政書士のホームページでもう少しお安いお値段を見ましたけど……」と言ってみた。するとF山先生はおどおどした感じで「お客様の案件はいろいろ手続きが複雑なので，この位でなんとかお願いできませんでしょうか」と頭を下げてきた。おまけに「すいません，報酬の他に実費がかかります」と告げてきた。見積には経費について記載されていなかった。不安になって「いくら位（経費は）かかるのですか」と聞くと，「え〜っと，2万ほどです」と回答があった。答え方が自信なさげだったので，「本当に，合計12万円で全てやって頂けるのですね」と念を押すと，「はい，やらせて頂きます」と答えた。この値段で銀行の手続きなどを含めて全部やってくれるなら「まぁまぁなのかな」と思ったので依頼することにした。

　すると，F山先生は「少々お待ちください」と言って本棚から相続関係の本を取り出してコピーをした。そして，コピーに印を付けると「印を付けた書類を集めてください。すべての書類が揃ったら事務所に送ってください」と私に告げた。見ると戸籍や不動産の謄本や評価証明書などいくつもあった。正直なところ自分で集められか不安だったが，仕方がないので自分で集めてみることにした。

3-6　業務遂行

　しかし，慣れない役所とのやり取りは想像以上に難しかった。やっとの思いで市役所に戸籍謄本を請求すると，役所から「身分証明書のコピーを送ってください」「小為替の金額が不足しています」などと電話がかかってきて，再度郵送したこともあった。市役所に不動産の評価証明書を請求に行くのもなんと

なく気が進まなくてまだ行っていない。

　このように思うように進まず気が滅入ってきてしまった。そしてあっという間に1か月が過ぎてしまった。するとF山先生から「まだ（資料は）揃いませんか」と催促の電話が入ってしまった。「なかなか進まなくて…」と答えると，F山先生は「では，私が集めます」と少しイライラした口調で言った。私は「こんなことなら最初からやってくれればよかったのに！」と思った。

　依頼をしてからあっという間に2か月が過ぎてしまった。手続きがどの程度進んでいるのか全く見えなくて不安が募るばかりだった。また，夫の遺品を整理していたら新たに預金通帳が2通出てきた。F山先生にそのことを伝えると，「その分の追加費用がかかりますけどよろしいですか」と言ってきた。今さら何を言っているのかと頭にきたので「『12万円で全部やる』と言いましたよね！」と言うと「そうでしたね。すいません」と渋々承諾したようだった。それから数日後，そう言えば，夫が残していたかもしれない遺言書の件の回答をもらっていないことに気付いて電話をしてみると，まだ調べていないようだった。本当に頼りない。正直，人選を誤ってしまった。「後悔先に立たず」とは正にこのことだ。

　結局，電話をしてから遺産の払戻しが完了するまで10か月もかかってしまった。その間，F山先生から「追加書類を送りました」「書類が足りませんでした」「銀行の相続届にも相続人の皆様のご証明と押印をお願いします」など段取りの悪さを露呈した電話が何度も入るかと思えば，私が不安になって電話を入れるとたいてい留守番電話になってしまった。きっと居留守を使っているのに違いない。

　もう，行政書士に依頼するのは懲り懲りだ。そう言えば，点字サークルの仲間にご主人が亡くなって手続きに困っている人がいた。その人に「専門家は慎重に選んだ方がよい」とアドバイスをしておこう。

3-7　アフターフォロー

　手続きが終わって半年が過ぎたころ，F山先生から暑中見舞いが届いた。ハガキには「遺言・相続の相談ならお任せください！　早期解決いたします！」と顔写真付きで書いてあった。厚顔無恥とはこの人のためにある言葉だろう。

第4章 顧客の「内なる声」を聴く～成功事例編

次に，Ｓ川行政書士の顧客の声を聴いてみよう。

4-1　準備①（実務脳の習得）

顧客は関与しないプロセスのため顧客の「内なる声」はなし。

4-2　アプローチ

亡夫の相続手続をしなければと思いつつ，気が進まず先延ばしにしてしまっている。そんな時，郵便局で「相続手続を支援します。面倒な戸籍の収集お任せください！」とうたったポスターが目に入った。まさに戸籍の収集で手間取っていたので興味を惹いた。ポスターの隣に「銀行の相続手続」のセミナーのチラシが置いてあった。そして，いいきっかけだと思い参加してみた。

講師の行政書士のＳ川先生は，相続手続の流れを手順に沿って丁寧に解説してくれた。日ごろから疑問に思っていた口座凍結についてもわかりやすく説明してくれた。おかげでなぜ払戻しができなくなってしまうのか理解できた。

4-3　引合い

セミナーに参加してみて，自分ですべての手続きを行うのは至難の業であるとわかった。そこで，思い切って行政書士のＳ川先生に電話をしてみた。

「セミナーに参加した者です」と伝えるとＳ川先生から「お忙しいところ，ご参加頂き誠にありがとうございました」とお礼の言葉を頂いた。

それから，相続人のこと，相続財産のこと，遺産分けの進捗状況など質問を受けた。また，今困っていることまで聞いてくれた。私は，亡夫の預金口座か

ら払戻しができなくなってしまったこと，銀行から「戸籍を提出するように」と言われたが要領がわからないこと，銀行から送られてきた『相続の手引き』を読んでみたが十分に理解できないことなど取り留めもなく話してしまった。そして，今まで独りでこれからどうしたらよいのか悩んでいたので，話を聞いてもらえただけでも気持ちがずい分楽になった。

　そして，3日後に面談をしてもらうことになった。できるだけ早く手続きを終わらせたいので早急に会ってもらえるのはとても助かる。なお，相談料は5,000円ということだ。「時間制限を設けていない」ということだから時間を気にしないで相談できるのは有難い。早速Ｓ川先生から指示があった書類を調えることにした。

4-4　準備②（面談に臨む準備）

　顧客は関与しないプロセスのため顧客の「内なる声」はなし。

4-5　面談

　面談の冒頭でＳ川先生からのお悔やみの言葉を頂いた。私はこの言葉を聞くと緊張感が一気にほぐれた。そして，今まで抱えていた悩みを取り留めもなく話した。Ｓ川先生はさえぎることなく私の話を聞いてくれた。気付いてみると30分ほど話していたようだ。

　一通り話し終わると，Ｓ川先生は私が抱えていた悩みに一つひとつ丁寧に答えてくれた。そして，これからの手続きの流れが書かれた書類を出して丁寧に説明してくれた。Ｓ川先生によると，依頼すれば3か月程度で手続きが完了するそうだ。今まで見通しが立たなかったので心の中の霧が一気に晴れた気分だった。

　私はＳ川先生に依頼したいと思った。しかし，気になるのはお値段だ。恐る

恐る「費用はおいくらでしょうか」と尋ねてみた。すると，Ｓ川行政書士は，用意してあった見積書に私が伝えた内容を書き込んで目の前で費用を算出してくれた。そして，先ほど提示した手続きの流れに沿って「何にどれだけ費用がかかるのか」を丁寧に教えてくれた。すべての手続きを終えるまでにいくつもやるべきことがあるのには改めて驚いた。費用は私にとって決して安くはなかったが，これだけのことを私たち相続人に代わってやってくれるのだから適正な価格だろう。むしろ安いくらいかもしれない。なにより，専門家に任せれば早く終わらせてくれるに違いない。私は，その場で「お願いします」とＳ川先生に伝えて依頼をした。

4-6　業務遂行

予定の３か月より１か月も早く手続きが完了した。速やかできめ細かな対応には感激した。たとえば，返信用のレターパックには宛先はもちろんのこと送り主である私の住所まで書いてくれていたので，私は書類を入れてポストに投函するだけでよかった。役所には印鑑登録証明書を請求に一度行っただけで済んだ。結局，銀行には一度も行かずに済んだ。これにはとても助かった。また，海外に赴任している長男とのやり取りもＳ川先生が行ってくれた。時差で電話しにくいうえ，長男からは，苦手なメールで連絡するように言われていたからだ。Ｓ川先生から「ご長男への連絡は私からしましょう」とご提案頂いた時には，お気遣いに感謝した。

途中，Ｓ川先生から進捗具合の報告のメールやお電話を何度か頂いた。順調に手続きが進んでいることが確認できて心強かった。

実は，夫の遺品を片付けていたら銀行の通帳が２つ出てきた。Ｓ川先生に追加でお願いしたところ，本来は２行分の追加費用がかかるのに，１行分の追加費用で払戻し手続きをして頂いた。

すべて終わって手続きに関する書類を頂いた。戸籍関係の書類，財産の書

類，司法書士の先生からの登記の書類などがきれいにまとめてあった。膨大な書類を目の前にすると，改めて自分で行うのは無理だったと思った。Ｓ川先生にお願いして本当によかったと実感した。書類といっしょに請求書も頂いた。感謝の意味を込めて翌日にお振込みした。

　また，Ｓ川先生から今後季節の便りを送ってくれると聞いてとても心強かった。これからは，何かの時にはＳ川先生に相談してみようと思う。

4-7　アフターフォロー

　夫の相続手続が終わって1年が経ったのを機に，遺言を残すことにした。遺言があれば私が死亡した時に子ども達が遺産分けで夫のような面倒な手続きをしないで済むと考えたからだ。長女も長男も家庭を持って堅実に生活している。そこで，内容は，住まいを売却して現金化して他の財産と合わせて法定相続分のとおり2分の1ずつ分けるというものだ。

　Ｓ川先生にお電話したところ，すぐに面談の日時を決めて頂いた。面談でＳ川先生は，公正証書遺言の作成手順と費用を提示してくれた。私はその場で依頼をした。遺産分割協議の時と同様に迅速に公証役場との手続きを行って頂いて，面談から2週間後には遺言書が出来上がった。遺言書には遺言執行者にＳ川先生を指定させて頂いた。これで一安心だ。

　その後，亡夫の相続手続で困っている点字サークルの友人をＳ川先生にご紹介したところ，私の時と同様に速やかに手続きを行って頂いた。友人からも感謝された。
　Ｓ川先生とは一生のお付き合いになりそうだ。

第5章 「失敗」と「成功」の境界線

第1章から3章を分析して，失敗と成功を分ける境界線を見つける。

5-1 失敗と成功を分析する

　F山先生の失敗ストーリーとS川先生の成功ストーリーおよびそれぞれの顧客の声を「7つのプロセス」毎に比較してみる。

【図表6】失敗ストーリーと成功ストーリーの比較表

プロセス	失敗ストーリー（F山先生）		成功ストーリー（S川先生）	
	行動（Ⅱ-1）	顧客の評価（Ⅱ-3）	行動（Ⅱ-2）	顧客の評価（Ⅱ-4）
1．準備①（実務脳の習得）	外的要因で取扱い業務を選択したため，専門性がなかなか身に付かない。 (1)取扱い業務の決め方 ①外的要因（「環境」と「数字」）を基準に決める ②頑張らないとできない (2)専門知識の習得方法 ①「根拠のない自信」と「顧客軽視」の考えに基づく ②断片的な知識の寄せ集めに止まる ③知識の吸収に淡泊		内的要因で業務を選択するため，専門性が自然に身に付く。 (1)取扱い業務の決め方 ①内的要因（「好き」）を基準に決める ②頑張らなくてもできる (2)専門知識の習得方法 ①「慎重な姿勢」と「顧客重視」の考えに基づく ②論理的思考が身に付く ③知識の吸収に貪欲	

	④行政書士法に対してノーマーク ⑤実務脳の刺激を怠る (3)「アプローチ」の準備を怠る (4)「引合い」の準備を怠る (5)「面談」の準備を怠る		④行政書士法を習得する ⑤実務脳を刺激する (3)「アプローチ」の準備をする ①セミナーの準備をする ②取扱い業務の研究をする (4)「引合い」の準備をする 〜「引合いメモ」の作成等 (5)「面談」の準備をする 〜「面談5点セット」の作成等	
2.　アプローチ	闇雲に宣伝を打つ。しかし、「下手な鉄砲」は数を撃ってもまず当らない。内容も一方的で見る者の興味を惹かない。 (1)方法・基準 ①他人任せ ②数字任せ (2)内容（セミナー） ①不特定多数に闇雲にアピールする ②内容が浅薄	興味を惹くものは特に見当たらない。	ターゲットの生態を理解しているので、的を射た宣伝活動を行う。内容も相手の心に響く。 (1)方法・基準 ①自ら動く ②ターゲット顧客の立場で考える (2)内容（セミナー） ①特定少数に的確にヒットする ②内容に深みがある	専門家ならではの話のレベルで、ターゲットの心に刺さる。

3. 引合い	知識が浅く，しかも準備不足のため，面談を効率よく行うための情報を的確に把握できない。そのため，面談まで日数を要してしまう。 (1)問題解決の要点 ①言われるがままで逆質問できない ②面談を充実させるための情報を入手できない (2)面談までに一定の日数を要する (3)通話時間が長い	(1)浮足立った対応で頼りない。 (2)「早く不安を解消したい」という切実な思いを理解していない。	周到な準備を行っているため，面談を効率よく行うのに必要な情報を的確に収集できる。その結果，引合いから間を置かないで面談ができる。 (1)問題解決の要点 ①「引合いメモ」を基にヒアリング ②面談を充実させるための情報を聴き取る (2)面談までが短期間 (3)通話時間が短い	(1)落ち着いた対応で安心感がある。 (2)「早く不安を解消したい」という切実な気持を理解してくれている。
4. 準備② （面談に臨む準備）	その場しのぎの準備しかしないため，「専門家」と呼ばれる知識レベルには程遠い状況で面談に臨むことになる。 (1)内容 基本書や士業のホームページで確認する程度		引合いで収集した情報を基に，相談者の現状をイメージしたうえで，相談者に応じた面談を短時間で効果的に行うための準備をする。 (1)内容 ①相談者が置かれている現状を深くイメージする ②問題解決に求められる知識を確認する ③相談者に「カスタマイズされた面談」を提供するための準備をする	

	(2)報酬 同業者および日本行政書士会連合会のホームページに掲載されている「報酬額」と「報酬額統計調査の結果」を参考にする程度。		(2)報酬 業務の量と難易度を反映し、業務の手順に則した「分解見積」を準備する。	
5. 面談	終始相談者の切迫した希薄に圧倒されてしまって、面談を仕切ることができない。悩みを解決するまでの道筋（＝ロードマップ）も見積も提示しない。当然受任は先送りとなってしまう。 その結果、相談者に再度打合せの時間を取ることを強いる。相談者の中には、「頼りない」とさっさと行政書士を見切って他の専門家にアプローチを始める者も出てくる。その結果、集客できても無料相談で終わってしまうケースがほとんどとなってしまう。 (1)相談者主導 ①相談者の話しをじっくり聴く余裕がない ②セミプロ化した相談者に対して防戦一方	(1)先行き不透明のまま ①不安を覚える ②行政書士に対して不信感を抱く (2)報酬 ①見積が提示されないので頼みようがない ②一括見積のため、提示された費用の妥当性の有無の判断が付かない	相談者の話しを余裕ある態度で十分に聴く。そのうえで、相談者に対して悩みを解決するまでの道筋（＝ロードマップ）を提示することで信頼を得る。さらに、見積書（分解見積）を提示して面談の場で受任する。 (1)行政書士主導 ①相談者の話しを十分聴く（ただし、信じない） ②相談者の知識を大きく上回る ③結果として、相談	(1)先行きが見通せた ①安心感を得る ②行政書士に対して信頼を置く (2)報酬 ①見積に納得～これだけのことをするのだからこの程度の費用はかかるだろう（むしろ安いくらい） ②分解見積により費用に納得以上によって、面談の場で依頼を決断する。

| | ③セミプロ化した相談者に終始圧倒されっぱなし
(2)ロードマップを提示できない
(3)コンサルティングセールスができない
(4)業際
説明をしない。

(5)報酬
①面談の場で見積を提示できない
②後日の打合せの場で一括見積を提示する
③値切られてしまう

(6)受任
①面談の場で決め切れない
②集客できても無料相談で終わってしまうケースがほとんど | 者を魅了し，面談の場を制する
(2)ロードマップを提示する
(3)コンサルティングセールスを施す
(4)業際
業際について説明することで身を守ると同時に相続人間の紛争を予防する。

(5)報酬
①面談の場で見積を提示する
②分解見積を提示する
③ロードマップと合わせて内容を説明する

(6)受任
①面談の場で受任する
②委任契約を締結する
③「職務上請求書」を使用する許可を得る | |

6. 業務遂行	運よく受任できても知識不足のため業務が思うように進まない。その結果，入金も見込みより遅れてしまう。また，業務遅滞が原因で依頼者からクレームを受けてトラブルに発展してしまうこともある。	(1)連絡が途絶えてしまって，先行きが不透明で不安が増長する	面談で問題解決までの道筋を把握できたことで速やかに業務が遂行する。相談者は悩みが速やかに解消されたことに満足する。その結果，報酬を想定より早く手に入れることができる。	(1)適宜連絡があることで，抱えている不安が徐々に解消されていくことが実感できる
	(1)業務遅滞に陥る ①受任直後に着手できない ②依頼者を動かす ③依頼者を放置する	(2)行政書士に対して不信感が募る一方	(1)速やかな業務遂行 ①受任直後に業務に着手する ②依頼者を「動かさない」 ③依頼者を「放置しない」	(2)行政書士に対して信頼感が厚くなる
	(2)入金が遅れる		(2)入金が早い	
7. アフターフォロー	そこまで気が回らない。たとえ行ったとしても，業務遅滞等で信用を失ってしまったので無視されるのが落ち。	(1)うっとうしい (2)今後一切関わりたくない	業務完了後も依頼者と年賀状等で関係を継続する。そして，「いざ！ というときは行政書士のＳ川先生」と依頼者の脳裏に深くその存在が刻み込まれる。	(1)歓迎 (2)いざという時にまた相談したい（自らの遺言を依頼し，知人の相続手続も紹介）
	(1)実施しない (2)冷ややか		(1)実施する (2)歓迎される	

5-2 失敗に直結する思考，成功に直結する思考

失敗ストーリーと成功ストーリーを比較検討することで，失敗する者と成功する者の思考を導き出す。

■1 失敗に陥る「自分本位」の思考

自分が主体の観点に立って物事を考える。そのため，「儲けたい」といった自分の都合や欲に相手（＝顧客）を巻き込む。

たとえば，「仕事は取ればなんとかなる」という者がいる。この発言の根底には，自分本位の思考が垣間見れる。顧客のことを第一に考えれば，このような楽観的（または無責任）な発言はできないだろう。

■2 成功を導く「顧客本位」の思考

相手（＝顧客）が主体の観点に立って物事を考える。そのため，まず相手のことをトコトン考え抜くことから始める。

---

column 9
誰もあなたに「行政書士になってください」と頼んではいない

「行政書士は喰えない」と業績不振の原因を，行政書士という資格のせいにしようとする人がいる。そういう人にお聞きしたいのだが，「行政書士になってください」と誰かに頼まれて開業したのかということだ。そういう人はほとんどいないと思う。そこで，次の文書をご紹介する。

> ターゲットの選択からやり方から何から何まで仕事の根幹にあるのは当人の自由意志。仕事は本当のところはだれからも頼まれていない。誰にも強制されていない。すべて自分の意志でやっていること。にもかかわらず，仕事が成果につながらない時，他者や環境や制度のせいにする。これ最悪。仕事の根幹にあるはずの自由意志

の否定になる。土台が揺らぐとすべてがぐらつく。まともな仕事にならない。（引用：『好きなようにしてください　たった一つの「仕事」の原則』P158　楠木健著・ダイヤモンド社）

「仕事の根幹にあるのは当人の自由意志」ということを私も肝に銘じておこうと思う。

5-3　失敗する者が陥る「負のスパイラル」を知る

　「自分本位」の思考は，"負のスパイラル"に陥る危険性を高くする。いったん負のスパイラルに陥るとそこから抜け出すのは容易ではない。では，負のスパイラルに陥ることを回避するにはどうしたらよいのであろうか。それには，負のスパイラルに陥る典型的なパターンを知ることである。次にその典型パターンを示すので，「こうすれば負のスパイラルに陥る」ということを覚えておいて頂きたい。

【図表7】負のスパイラルに陥る典型的パターン

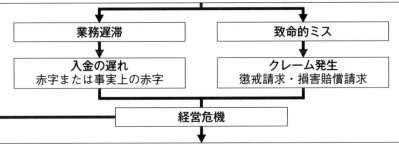

取扱い業務を決める基準：「もうかりそう」「流行り」「これから有望」等，外的要因（＝「環境」と「数字」）を基準にして決める
└➤さほど興味がない分野のため，「専門家」といえる領域までたどり着けない。

値決め：「報酬額統計」「同業者のホームページ」を参考に決める
└➤算出根拠に乏しい見積（＝一括見積）しか提示できない。
└➤価格競争に巻き込まれる

アプローチ：「できないこと」を「できると」宣伝する
└➤脆弱な実務脳にもかかわらず，第三者に「この者なら業務を速やかに遂行できる」と思わせる内容で宣伝してしまう（不当誘致のおそれがある。行政書士法施行規則6条2項）。
└➤受任後に，業務遅滞等で依頼者とトラブルなる温床となる。

面談：セミプロ化した相談者に圧倒されて，面談の主導権を握られてしまう

無料相談で終わる
└➤相談者に見限られてしまう。その結果，受任できず，無料相談で終わってしまう。

「不本意な報酬」で受任
└➤値切られた末に何とか受任する。そのため，低いテションと低コスト（受任した案件に十分な時間とお金をかけていられない）で業務に臨むことになってしまう。

トラブルが発生しやすい環境下で業務を遂行する
└➤業務の内容・難易度・所要時間に対して割に合わない報酬で受任した結果，コストを削減せざるを得なくなりサービスの質の低下を招きやすくなる。また，不満を抱えながら仕事をすると業務に対する集中力を欠きやすくなる。その結果，トラブルが発生しやすい環境になってしまう。

業務遅滞

致命的ミス

入金の遅れ
赤字または事実上の赤字

クレーム発生
懲戒請求・損害賠償請求

経営危機

心身に不調を来す
└➤時間給が安い仕事が増えてしまうので長時間労働せざるを得なくなる。その結果，心身に不調を来してしまう。

第**III**部

成功を導く「心得」を知る

「顧客価値」を知る

失敗する「自分本位」の思考と成功する「顧客本位」の思考の違いはなぜ生じるのであろうか。

　筆者は，「仕事」に対する構え方，すなわち仕事に対する「心得」に起因すると考える。

　そこで，まず「仕事」とはそもそも何であるのかを考えてみる。次に，仕事には絶対不可欠な「相手」，すなわち「顧客」について考える。そのうえで，仕事に対する「心得」を導く。

　さらに，導いた仕事に対する心得を「7つのプロセス」にブレイクダウンして，プロセスごとの心得を導く。

▶【図表8】第Ⅲ部の俯瞰図

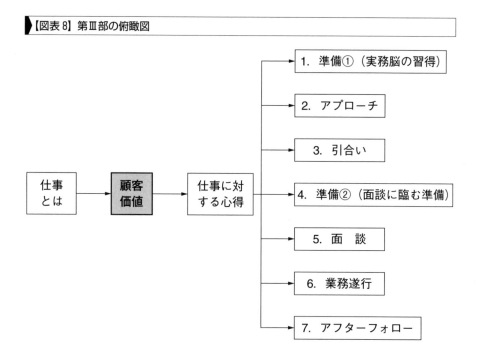

仕事とは	→	顧客価値	→	仕事に対する心得	→	1. 準備①（実務脳の習得）
						2. アプローチ
						3. 引合い
						4. 準備②（面談に臨む準備）
						5. 面　談
						6. 業務遂行
						7. アフターフォロー

第1章 「顧客価値」を知る

　まず，そもそも「仕事」とは何であるのかを考えてみる。次に，「顧客はなぜ行政書士に相談するのか」という観点から「顧客価値」というキーワードを導く。そして，「顧客価値」を実現するための「心得」を導く。

1-1　「仕事」とは何か〜「仕事」と「趣味」の違いから「仕事の成立要件」にアプローチする

　当たり前のことだが，高い受任率と満足行く報酬は，「仕事」が順調でなければ実現できない。では，「仕事」とは一体何か。この章では，「仕事」の本質を「趣味」と比較することでアプローチしてみる。

■ 相手（＝顧客）がいるのが「仕事」，いないのが「趣味」

　たとえば，カラオケが趣味の人が，日頃の稽古の成果をお披露目するために友人・知人を"コンサート"に招待したとしよう。上手とはいえない歌（しかし，本人は気持ちよさそうに歌っている）を聞かされる招待者にとっては正直なところ迷惑な話である。しかし，「趣味」とわかって聞いているのだから「まぁ，しょうがないな。付き合いだし……」といった寛大な気持ちで受け入れてもらえる。

　一方，プロとして歌うことを仕事としている歌手が，下手な歌を聞かせたら，上手な歌声を期待していた聴衆は，「無駄な時間を過ごしてしまった」と落胆するだろうし，中には「金を返せ！」と怒りを覚える者もいるだろう。

　このように，「自分以外の誰か」，すなわち価値の受け手である顧客のためにやるのが「仕事」である。一方，「自分のため」にやる自分を向いた活動はすべて「趣味」である。趣味は家でやるものであって，仕事と混同してはならない。

❷ 顧客に「価値」を提供するのが「仕事」，「自己満足」でも構わないのが「趣味」

　つまり，相手である顧客に，相手にとっての「価値」，すなわち「顧客価値」を提供するのが「仕事」である。一方「自己満足」でも構わないのが「趣味」である。

　「自分本位の思考」をする者の頭の中には，仕事を成立させるための相手（＝顧客）の存在が希薄である。つまり，趣味的思考に基づいて行動するから必然的に相手を不満な事態に陥らせてしまう。その結果，失敗する確率が高くなってしまうのである。

▌1-2　行政書士の顧客は何に価値を見出すのか～行政書士が顧客から期待されていること

　このように，仕事には相手（＝顧客）がいて，顧客価値を実現することで仕事が成立する。

　では，行政書士が顧客から期待されていること，すなわち，顧客にとっての価値は何であうか。その問いに答えるために，相談者が行政書士のもとに相談に訪れるまでの行動と心理を，「遺言」「遺産分割」「外国人雇用（入管）」「建設業許可」の4つの事例で読み解いてみることにしよう。

❶ 顧客（相談者）のストーリー（事例）を見る

　「遺言」「遺産分割」「外国人雇用（入管）」「建設業許可」で悩みを抱えて行政書士のもとを訪れた相談者のストーリーを見てみる。

①　遺言～相談者：女性，78歳，独身，無職

　永年務めた会社を定年退職して現在は20年前に購入したマンションで一人暮らしをしている。独身を貫いて子どもはいない。両親も既に亡くなっている。数年前から死後の財産のことを考えるようになった。今のまま死んで

しまったらほとんど付合いがない姉に遺産が引き継がれてしまう。姉とは折り合いが悪くこれには耐えられない。

　実は，もう一人の兄弟姉妹である亡弟の嫁のＡ子さんに遺産を残したいと思っている。Ａ子さんは亡父の介護を長男の嫁として３年もしてくれたからだ。それに，Ａ子さんとは今でも年に一度は旅行にも行く仲だ。また，20年前にマンションを購入して以来住んでいるＫ市に寄付をしたいとも考えている。毎年春には駅からのメイン通りが桜で満開になる。その桜の保護に遺産を役立てて欲しいからだ。

　それには遺言を残さないといけない。そこで，銀行が主催するセミナーや市役所の無料相談に参加したりインターネットや雑誌や本で知識を習得した。そして，自分で遺言を書いてみた。しかし，これで本当に死後に思ったとおりに財産を遺すことができるのか確信が持てない。セミナーの講師が言っていたが，やはり公正証書遺言を残すべきだろう。しかし，公証役場はなんとなく敷居が高くて相談しにくい。

　そんな矢先，健康診断で大腸癌が発見された。幸い初期であったが遺言を早急に残さないといけないと実感した。あとひと月で今年も終わろうとしている。なんとか年内に遺言書を残して安心して新年を迎えたい。そこで，セミナーの講師を務めていた行政書士に相談することを決心した。

②　遺産分割～相談者：男性，54歳，会社員

　先月，父親が死亡して葬儀代や入院費の支払いにまとまったお金が必要なった。そこで，亡父が口座を開設していた銀行に行き，亡父の銀行口座から預金を引き出すために行員に「父が死亡した」と告げた。すると，その途端に預金口座を凍結されてしまった。仕方がないので約300万円を立て替えた。３か月後には長男の大学の入学費を払わなくてはならない。それまでに遺産分けをなんとしても終わらせたい。

　そこで，銀行の「相続の手引き」というマニュアルを読んでみたり，インターネットで遺産分割協議について調べてみた。マニュアルもインターネットもわかりやすく説明しているのである程度は理解できた。

　しかし，実際に役所に戸籍謄本を請求してみると予想以上に手間がかかる。しかも，銀行に戸籍謄本を提出したら「これでは足りません」と言われてしまった。また，遺産分割協議書を作成してみたが，本当にこれでよいのか確信が持てない。

　銀行に行くには平日会社を休んで行かなければならない。そう何度も会社を休むわけにもいかない。そうこうする内に長男の入学金の支払いが残り1か月に迫ってきた。高齢の母親を役所や銀行に行かせるわけにもいかないし，姉と妹は地方に嫁いでしまって頼りにならない。

　そこで，戸籍謄本を請求するために定額小為替を買いに行った郵便局にポスターを掲示していた行政書士に相談することにした。

③　外国人雇用（入管）～相談者：38歳，男性，IT関連会社の経営者

　私は大学卒業後，IT関連企業に5年間システムエンジニアとして勤務後，独立してソフトウエア開発会社を設立した。設立から10年間で売上は20億円，従業員30名を擁するまで成長した。

　目下の悩みはシステムエンジニアの確保である。毎年伸びる受注件数に人手が追い付かないのだ。従業員はここ数か月残業が続いていて士気にも影響が出始めている。現に先月退職者が出てしまった。しかし，求人を出しても当社が求める即戦力の人材を確保するのは至難の業だ。業績はよくても中小企業は大手と比べて敬遠されてしまうからだ。

　そこで，人材コンサルタント会社に相談したところ，外国人エンジニアの採用を提案された。海外には，日本で働くことを希望している有名大学出身のエンジニアが大勢いるというのだ。そこで，その会社を通してベトナムで求人をしたところ，ハノイ工科大学卒のエンジニアを採用することができた。

　コンサルタントから，内定を出したベトナム人が日本で働くためには，当社の所在地を管轄する地方出入国在留管理局に「在留資格認定証明書交付申請」をして在留資格認定証明書を交付してもらう必要があることを告げられ

た。そこで，出入国在留管理庁のホームページを見たところ詳しい解説や申請書類も出ていたので，人事担当者に申請書類の作成および在留管理局への申請を指示した。

　内定を出してから3か月が過ぎたころ，内定者から「入国の手続きはどうなっていますか。早く日本で働きたいです。あまり時間がかかるようならベトナムで就職先を探します」とメールが届いた。慌てて人事担当者に問い質すと，一度出入国在留管理局に申請をしたのだが，書類の不備で受理されず，その後他の業務が忙しくてなかなか手が回らなくなってしまい，未提出のままということだった。このままでは，内定を辞退されてしまう。一刻も早く申請して在留資格認定証明書を交付してもらわなくてはならない。そこで，顧問の社会保険労務士に相談したところ，「出入国在留管理局への申請は行政書士が行います。知り合いに行政書士がいますので，至急問い合わせてみます」と回答があった。

④　建設業許可～相談者：43歳，男性，自営業

　私は個人で内装業を行っている。仕事を請け負っているA社（大手ゼネコンの一次下請けの建設会社）から，「今後，建設業の許可を取得していない業者とは取引を行わないことにします。半年間猶予を与えるから，その間に取得するように」と通告を受けた。

　早速，県庁のホームページを見た。面倒な感じはするがなんとかできそうな気がした。しかし，仕事が忙しくなってきたので後回しにしてしまった。

　通告を受けてから1か月経った頃，A社の社長と工事現場でバッタリ会った。社長から「この前の許可の件だけど，申請はもう済んだよね。実は，ゼネコンから『建設業の許可を得ていない業者には仕事を下ろすことは控えるように』と言われているんだよ。必ず期限までに許可を取得してくれよ。そうしないと仕事を頼めないからね」と言われてしまった。私は「わかりまし

た」と返事をしたが，内心「これはまずいな」と思った。役所のホームページを見ただけで，実際には何もしていなかったからだ。

　慌てて県庁の建設業課に駆け込んだ。相談コーナーの順番を取ったが1時間も待たされてしまった。やっと順番が来て相談したが，自分で行うのは無理だとわかった。内容が面倒なこともあるが，日中は請け負っている工事現場を1日最低3件は回らなければならない。工期が迫っている現場もあるから，申請書を作成する時間は当分の間取れそうもない。しかも，県の建設業課の担当者からは，「ご希望の期限までに許可を得るには，1か月以内に申請書を提出してください。ただし，不備があるとご希望の期日に間に合わないこともあります」と告げられてしまった。

　このままでは，A社に切られてしまう。そうなると死活問題だ。この期に及んでは専門家に頼る他ない。そういえば，同業者が「行政書士に頼んでスムーズに許可が下りた」と言っていたな。早速その行政書士を紹介してもらおう。

❷ なぜ顧客はわざわざ時間とお金をかけてまでして行政書士に依頼するのか

　なぜ顧客はわざわざ時間とお金をかけてまでして行政書士に依頼するのかを解明するために，❶で見てきた4つの事例を3つのステージに分けて分析してみる。

【図表9】顧客が行政書士に相談することを決意するまでのプロセス

業務・相談者　ステージ	遺言・独身で子どもがいない女性	遺産分割・父親が死亡した会社員	外国人雇用・IT関連の中小企業の経営者	建設業許可・ひとり親方の建設業者
第1ステージ　悩みが発生する	・兄弟姉妹には遺産を残したくない。 ・亡弟の妻とK市に遺産を遺したい。	・銀行に預金の払戻しに行ったら預金口座を凍結されてしまった。 ・葬儀代などまとまった金額を立て替えている。 ・3か月後には長男の大学の入学費を払わなくてはならない。 ・それまでに遺産分けを終わらせて遺産を手に入れたい。	・業績好調で受注件数は伸びている一方，社員の残業が常態化している。 ・社員の増員が急務。 ・求人しても優秀な人材を獲得できない。 ・このままでは社員への負担が増えて人材が流出してしまう。 ・人材コンサルタントの勧めで海外の外国人大卒エンジニアに内定を出した。	・発注者から「建設業の許可を持っていない者とは今後取引を行わない。許可を取得していない場合は，6か月以内に許可を取得するように」と通告されてしまった。
第2ステージ　自ら調べることを通して一定レベルの知識を習得する↳セミプロ化	・銀行が主催するセミナーに参加。 ・市役所で無料相談を受けた。 ・インターネット，雑誌，本で知識を習得した。	・インターネットで検索したり，銀行の手引書を読んで遺産分割協議についてある程度は理解できた。	・出入国在留管理庁のホームページから情報を収集して申請の概要を把握した。 ・人事担当者に申請書の作成と申請を指示した。	・県庁のホームページで許可の内容を調べた。 ・県庁で相談した。

第3ステージ 時間が経つにつれて早急に手を打たなければならない状況に追い込まれる ↳悩みが切実なレベルまで達してしまう	・自分で書いてみたものの本当にこの内容で死後に遺産が確実に承継されるのか心配。 ・公正証書遺言を残した方がよいと思うが，公証役場に行くのになんとなく怖気づいてしまう。 ・そんな矢先に大腸癌になってしまった。 ・年内にきちんと遺言書を残して気持ちよく新年を迎えたい。	・戸籍謄本を銀行に提出してみたが，銀行から「これだけでは足りない」と言われてしまった。 ・遺産分割協議書を作成してみたが本当にこれでよいのか確信が持てない。 ・時間ばかりが過ぎていく。 ・入学金の支払いまで残り1か月を切ってしまった。 ・何度も会社を休んで銀行に行くわけにもいかない。 ・高齢の母親を役所や銀行に行かせるわけにもいかない。 ・姉と妹は地方に嫁いでしまって頼りにならない。	・内定者から進捗状況を尋ねるメールが届いてしまった。 ・1日も早く手続きを終わらせないと内定辞退になりかねない。 ・早急に出入国在留管理局に申請しなければならない。	・現場の仕事が立て込んでいて書類を作成する暇がない ・期限が残り3か月に迫ってきた ・1か月以内に申請しないと大事な取引先を失ってしまう。

自分では手に負えないと悟り専門家に相談することを決心する。

つまり，顧客（＝相談者，依頼者）は，「今，自分（会社）が抱えている，先が見えない切実なレベルに達してしまった悩みを，可及的速やかに解消したい」から，行政手続または民事法務の専門家である行政書士に，わざわざ時間とお金をかけてまでして相談するのである。

❸ 顧客が行政書士に期待すること（＝顧客価値）

前掲❷から，行政書士の顧客にとっての価値（＝顧客が行政書士に求めていること），すなわち**「顧客価値」**とは，**「今，自分（会社）が抱えている，先が見えない切実なレベルに達してしまった悩みを，可及的速やかに解消すること」**である。

❹ 顧客価値を実現するための前提条件

したがって，行政書士が顧客価値を実現するには，今，相談者が抱えている，先が見えない切実なレベルに達してしまった悩みを，可及的速やかに解消するための「心得」「知識」そして「技」を習得していることが前提条件になる。

❺ 行政書士は本当のところ「誰」に「何」を売っているのか

以上から，**行政書士は，本当のところ，面談の場で，先が見えない切実なレベルの悩みを抱えている者に，悩みが解決するまでの道筋（＝ロードマップ）を提示し，受任後，自らが習得している知識と技で可及的速やかに悩みを解消する法務サービスを売っている**のである。

1-3 「顧客価値」を実現するための第一歩

当然であるが，顧客のことを知らなければ顧客価値を実現することはできない。そこで，顧客価値を実現するために，まずターゲット顧客のことをトコトン考え抜いて，その生態を知り抜く必要がある。以下にその方法の一例を紹介する。

■1 ターゲット顧客の「生態」を知り抜く

　顧客に関する次のような項目についてトコトン考え抜くことで，ターゲット顧客の「生態」を探る。

▶【図表10】ターゲット顧客の生態を探求する項目事例

	項　　目	個　　人	法　　人
①	顧客情報	年齢・性別・学歴・職業（職歴）　等	社長の経歴・趣味，沿革，決算内容，従業員の構成　等
②	顧客の置かれている環境	住環境，家族構成，交友関係	事業環境，決算内容
③	日常の行動	朝起きてから寝るまで何をしているか	始業から終業まで何が行われているか
④	年間のスケジュール	1年の主なイベントなど（お正月，お盆，旅行，お墓参り等）	主な年間スケジュール（採用活動，人事異動，許認可の更新　等）
⑤	今，抱えている悩みや課題	①～④を基に，トコトン考え抜いてイメージする。	同左

■2 ターゲット顧客を代表する1人（または1社）を深く考え抜く

　その1人を満足させることができれば，その背後にいる同様の3人，5人，10人，100人を満足させることができる可能性が高くなる。

　最初から100人を満足させることから入ってしまうと，その中の1人を満足させることはふつうできない。数字が優先してしまって思考が浅薄になってしまうからだ。その結果，自分の都合の良いように自分本位に考えてしまいがちになる。

　面談は，相談者との1対1の場である。あなたの目の前に現れた1人の相談者を魅了するパフォーマンスを提供できれば，自然と数字（＝受任件数と売上）は付いてくる。

　このようにターゲット顧客についてトコトン考え抜く習慣を身に付けると，

ターゲット顧客に関する情報に「注意力」が鋭敏になってくる。それに伴い，ターゲット顧客の顧客価値が徐々にハッキリとしてくる。そうなってくると，的を射た「7つのプロセス」が実行できるようになってくる。その結果，成功（＝高い受任率と満足行く報酬の実現）につながる。

　反対に，「仕事が欲しい！」「売上が欲しい！」といったように，ターゲット顧客よりも自分の我が優先してしまうと（＝自分本位），たいてい失敗（＝低い受任率と不本意な報酬）に陥ってしまう。以下に，筆者自身が自ら招いてしまった失敗を披露する。反面教師としてご覧いただきたい。

【「自分本位」の思考が招いた「失敗」事例】

その1　「捕らぬ狸の皮算用」編〜数字優先思考

　都内のN区の区報に遺言・相続の広告を載せることにした。発行部数は20万部，それを5日と20日のひと月2回掲載する（合計40万部）。区内の各世帯にポスティングされる他，区内各駅の広報スタンド，区内各施設にも置いて，在勤の方などにも手に取ってもらえる。費用は約15万円。決して安くはないが，「40万部も配れば，千三（せんみつ）としても，1,200件も問い合わせが来るぞ！　これは大変なことになるな」と勝手に舞い上がっていた。原稿は広告のマーケティングの本を参考に，縁取りを破線にするなど工夫を凝らした。

　そして結果は……。問い合わせはゼロといった惨状であった。数字の魔力に魅せられて，顧客価値をないがしろにした結果であった。

その2　「無料相談」編〜集客優先思考

　地元の施設で遺言作成に関する無料セミナーを開催した。募集にあたって，新聞折込広告（A新聞とN新聞）を3,000枚配布した。当日は，午前と午後の2回開催。参加者は合計約50名も集まり，質疑応答も活発と大盛況であった。さらに，参加者には「初回個別相談無料！」と銘打った「無料相談券」を配布した。

「50名も来たから，最低でも5件は受任できるぞ！」と期待していたが，結果は見積の問合せが2件のみであった。

多数の見込み客を集めたい一心で無料としたため，さほど困っていない人たちがほとんどであったことがおもな失敗の原因と考えられる。

その3　「ふわふわ実務脳」編〜仕事は取ればなんとかなる思考

知り合いのコンサルタントから，「顧問先の食品メーカーが『特定保健用食品（トクホ）』の許可を受けたいといっている。ビッグビジネスになることは間違いないので，先生にぜひプロジェクトに参加してもらいたい」と引合いがきた。

「ビックプロジェクト＝儲かる」と勝手に思い込み，コンサルティングから次々とくる質問やリクエストに応え，官公署への問合せや資料の収集に奔走した。しかし，1か月経っても2か月たってもコンサルティングからの反応は乏しく，3か月後には会っても話題にも上がらなくなってしまった。意を決して，「ところでトクホの件はどうなりましたか……」と尋ねると，「あれですか，実は先方の方針が変わりまして，ペンディングになりました。先生から頂いた情報はつないでいます。また動き出したらよろしくお願いします」とあっさり言われてしまった。結局，その後何の反応もなく，3か月間タダ働きとなってしまった。

「ビックプロジェクト」という言葉に安易に喰いつき，専門知識がないのに「仕事は取ればなんとかなる」といった顧客軽視の思考で関わり，その結果，案件をコントロールできず，しかも見積も出さずにコンサルタントのペースにずるずると巻き込まれていった自業自得の末路であった。また，依頼者（食品メーカー）の担当者に一度も会っていないのも大いに反省すべき点である。

次章では，顧客価値を実現する，すなわち成功するための心得を「7つのプロセス」ごとに具体的に導くことにする。

第2章 成功の「心得」を知る

　本章では，実務において，「顧客価値」を実現するための心得を，「7つのプロセス」ごとに提示する。以下の心得を継続的に意識することで，自ずと成功を導く思考回路を習得できる。

2-1　準備①（実務脳の習得）

　「高い受任率と満足行く報酬」を実現する基盤になる実務脳を習得する心得は次のとおりである。

■1 「好き」を基準に取扱い業務を決める

　「好きこそものの上手なれ」という諺のとおり，好きだから時間も忘れて没頭できる。没頭できるから知識が深くなる。その結果，気付いてみると専門度が深く・広くなり「専門家」と言われる領域まで達している。

　つまり，「好き」といった内的要因が核となって専門性が身に付くのである。その専門性が，「自分が今，抱えている先の見えない切実な悩みを，可及的速やかに解決したい」という顧客の願いを叶える原動力となるのである。

　一方，「需要があるから」といった外的要因を重視して専門分野を選択してしまうと，ふつう継続的に没頭できない。没頭できないから浅薄な知識で止まってしまう。そうなると，たとえアプローチが功を奏して相談者が目の前に現れても，面談の場で一定の知識を備えたセミプロ化した相談者を魅了するレベルのパフォーマンスを披露できない。その結果，「集客できても受任できない」といったように受任率は低く止まる。

　なお，外的要因や想定外の相談がきっかけで知識を習得し始めて，「好き」

になることもある。それはそれで良しである。要は，その分野を「好き」であるかがポイントである。

　著名な経営者の自叙伝を読むと，「好き」という気持ちが原動力となって仕事に取り組んでいることが読みとれる。尋常でない困難に次々に直面しても好きだから乗り越えていく。結果として，世のため人のために役に立つ仕事を成し遂げる。反対に，嫌いなことをイヤイヤやって大成した人はまずいない。

❷ 「頑張らなきゃ！」と思った時点で向いてない

　「仕事を頑張らなきゃ！」といった言葉を耳にすることがある。「頑張る」という言葉が出る場面は，悲壮感や「やらされている感」が漂っている。たいてい，取り組んでいる仕事は「好き」なことではない。

　行政書士のほとんどは個人事業主である。個人事業主の特権は仕事を選ぶことができること。その個人事業主が「好き」なことをしないでは，数少ない特権を自ら放棄したことになる。仕事を行う度に，「頑張らなきゃ！」と気合を入れなければ始められないとしたら，大抵は向いていない。方向性を見直した方が賢明である。

❸ すぐ役に立つものほどすぐ役に立たなくなる

　面談で受任するには，面談の場で相談者を魅了するオーラ（雰囲気）が求められる。オーラとは，相談者が「この先生なら今自分が抱えている先が見えない切実な悩みを，速やかに解決してくれるに違いない」と確信できる雰囲気だ。つまり，相談者から「信頼」を得ることだ。

　それには，専門家と言える領域の法務知識が必要である。結果を早く出したいがために，『3日でわかる○○』『これだけでOK ○○の知識』といった「すぐに役立つ」一般向けの本で面談の場を凌ごうとしても，面談の時点でセミプロ化している相談者にはまず通用しないので受任するのは困難である。

さらに，満足行く報酬で受任するには，相談者が「さすが専門家は違う！」と心底言わしめる深い専門知識が求められる。

そのためには，極一部の頭脳を持った人を除いて，やはり基本書，専門書，判例を丹念に読み込むといった地味な一定期間の準備は必須である。そして，この地味な作業は，「好き」でなければふつうできない。

すぐに役立つものほどすぐに役に立たなくなるのは世の常。肝に銘じておきたい。

2-2 アプローチ

ターゲット顧客に，「いざ！」という時に真っ先に頭に浮かぶ存在になるための心得は次のとおりである。

1 ターゲット顧客について考え抜く

前章で述べたとおり，仕事には相手（＝顧客）がいる。その相手へ価値（＝個客価値）を提供することで仕事は成立している。そして，アプローチの目的は自分が想定する相手（＝ターゲット顧客）に自分の声を届けることである。したがって，高い確率でターゲット顧客に声が届く有効な手段を見つけ出すためには，相手のことを考え抜くこと（深く知ること）が求められる。そうすることで相手の生態（生活習慣，行動パターン等）が把握でるようになる。その結果，高い確率で相手に声が届く場所や有効な手段が見えてくる。

2 ターゲット顧客が抱えている悩みを想像する

ターゲット顧客が抱えている悩みを想像する。ポイントは，悩みの解決だけではなく，予防法務の観点に立って悩みを防止する方策も考えること。そうすることで，思考の幅が拡がりアプローチの手段がより具体的に浮かんでくる。

❸ 実行し検証する

❶❷を一通り終えたらアプローチを実行する。思うように事が運ばなくても，相手があることだからある意味当然である。必要以上に悩むことはない。大切なことはそこで得た結果を放置せずに検証することである。そして，修正して再度アプローチしてみる。繰り返すごとに手ごたえが実感できるはずである。

2-3　引合い

ターゲット顧客を相談者に変える心得は次のとおりである。

❶ 「会う」ことにこだわる

引合いの第一の目的は面談につなぐこと，すなわち会うことである。会うことで格段に受任率が高くなるからだ。

なお，面談日時を決めようと話を持ち掛けた途端に相手が話に乗ってこないようなら，最初から依頼するつもりはないと考えてよい。早々に話を切り上げた方が賢明である。

❷ 最低限の情報で良しとする

引合いの段階で詳細に情報を引き出そうとすると，相手はうっとうしく感じて会うことをためらうこともある。また，相手は話しにくい状況下で電話をしていることもあるし，混乱していて状況を整理して伝えられないこともよくある。引合いの段階では面談をスムーズに進めるための最低限の情報（＝事実関係）が聞き出せれば良しとする。

❸ 悩みの度合いを計る

一般に，抱えている悩みが先の見えない切実なレベルに達していないと専門家に費用を支払ってまでして依頼しようとは思わない。そこで，引合いの段階で，「相手の悩みがどの程度のレベルなのか」を意識しながら話を聴く。

　単なる情報収集という者もままいるので，そう感じたら早々に話をまとめて「個別具体的なご相談は面談で行います。相談料は○○円です」と告げて反応をうかがってみる。もし，「また，連絡します」と言って切り上げたら，まだ，悩みが深くない（＝切実ではない）ので現段階では依頼するつもりはないとみてよい。

2-4　準備②（面談に臨む準備）

　受任と満足行く報酬を実現するには，面談の場で，相談者から「信頼」を得ること，すなわち，「この先生なら，今，自分が抱えている先の見えない切実な悩みを速やかに解決してくれる」と確信できるオーラを放つことが求められる。「準備②」は，相談者から「信頼」を得るための詰めのステージといえる。

1 面談をイメージする

　引合いで得た情報を基に，最初の挨拶から別れの挨拶まで一通りイメージしてみる。すると，すべき準備が自ずと浮かび上がってくる。

2 「ロードマップ」を描けるようにしておく

　相談者が抱えている先の見えない切実な悩みを解消するための業務着手から業務完了までの道筋（＝ロードマップ）を説明できるように準備する。

3 報酬を意識する

　相談者が面談の場で，「この先生に依頼しよう」と思った次の瞬間に頭に浮かぶのは，「（依頼したら）いくらかかるのだろう」という費用のことである。そのため，見積の準備も怠ってはならない。受任するには，相談者と報酬費用の合意を得なければならないことを肝に銘じておくこと。

2-5　面談

面談の内容によって受任の成否と報酬額がほぼ決まる。また，面談の出来は，受任後の業務遂行の速度にも影響を及ぼす。このように，面談は7つのプロセスの中核を担う。以下，面談の心得を提示する。

■1 「面談の場で受任する」と決意して臨む

相談者は「できるだけ速やかに悩みを解消したい！」と切望して面談に臨んでいる。その要望に応えるには，面談の場で受任することがポイントになる。なぜなら，面談で受任できれば，直ちに着手できるからだ。つまり，「早期受任＝早期スタート→顧客価値の早期実現」ということだ。

そのためには，「決める」という言葉がキーワードになる。相談者が依頼を決断するためには，「解決までのスケジュール」「報酬額」などを面談の場で決めなければ相談者は面談の場で依頼できないからだ。

また，面談で受任することは，顧客価値の実現のみならず，満足行く報酬を得ることも実現する。なぜなら，相談者が「この先生に依頼したい！」と思う最高潮に達している時が面談の場であるからだ，なお，面談の場で受任するには，行政書士が相談者に相談者を魅了するパフォーマンスを面談で提供することが前提条件となる。

このように，面談の場で受任することは，相談者と行政書士の双方にとってメリットがある。

以下に面談の場で受任するために参考になる文書を紹介する。

打ち合わせを無駄な時間にしないためには，「終わり方」を意識することが重要です。その時間に打合せした内容を，出席者全員でしっかり理解し，まと

めて終えることができるかどうか。

　「今日はこれを決めました」「これでいいですよね」「今日を踏まえて次回は
こうしましょう」「今日はこれを決めたかったけど，決まりませんでした」「次
回はこういうことを考えてくるのを宿題としましょう」……。こういうまとめ
で打ち合わせを終えられるかどうか，ということです。

　そのためにも，打ち合わせを仕切る立場の人は，終わり方を意識して面談を
進めなければなりません。時間内に目的を達することができるか。それを意識
しながら，打ち合わせを進めていく必要があるのです。

　先にも書いたように，僕の場合は，打ち合わせは真剣勝負の場であり，試合
の場。本番です。つまり，ここで決められることは，どんどん決めていく。最
初から，「今日の面談で決めるぞ」と覚悟して，臨んでいるのです。

　今日の面談内容を持ち帰って，後から考えよう，というようなことは，ほと
んどしません。決められることは，その場で決めてしまう。だから，たくさん
のプロジェクトが進められるのだと思っています。

　では，なぜ決められるのかといえば，決める気で行っているからです。サッ
カーで言えば，バンバンシュートを入れようと思って参加している。最初か
ら，「後で決めればいいや」と思って臨んでいるのと，「今日，決めるぞ」と
思って臨んでいるのとでは，打ち合わせに臨む気持ちも変わります。これが結
果を変える。

　　　　（引用：『佐藤可士和の打合せ』（佐藤可士和・ダイヤモンド社）109・110頁）

2 「信用」から「信頼」へギアを上げる

　相談者は「行政書士」という国家資格を「信用」しているから面談に訪れる。
しかし，信用だけでは受任に至らない。受任するには，信用というステージか
ら「信頼」というステージへギアを引き上げることが求められる。

　そのためには，「面談の場で受任する」と決意して臨むと共に，相談者が「こ
の人（＝目の前の行政書士）に任せれば大丈夫だ！」と確信できるレベルのパ

フォーマンスを提供することが前提条件となる。

---

column 10

「信用」と「信頼」の違いを意識する

　「信用」と「信頼」の違いを意識することが面談に凛とした「いい意味での緊張感」を生む。その緊張感が相談者と行政書士双方に集中力を与える。

　以下に信用と信頼の定義を示す。その「微妙だが大きな違い」を感じ取って頂きたい。

信用

〜誤り（うそやごまかし）がないと信じて，その人をそのまま受け入れたり事の処理をすべて任せたりしようとする気持ちをいだくこと。

信頼

〜その人やものが，疑う余地なく，いざという時に頼る（判断の拠りどころとする）ことができると信じて，全面的に依存しようとする気持ちをいだくこと。また，その気持ち。

（以上『新明解国語辞典・第7版』三省堂）

---

❸ 相談者を「信じない」

　面談で相談者が話した内容は，あくまでも参考意見に止めておくこと。相談者が事実を的確にとらえているとは限らない。また，事実誤認していることもままある。

　相談者の話しを信じ込んで鵜呑みにしてしまうと，先入観や思い込みから，たとえば，相続人の範囲を誤ってしまったり許可基準を見落としたりといった致命的なミスを犯してしてしまうこともある。十分に注意すること。

2-6　業務遂行

　「業務遂行」の場面では，依頼者が抱えている悩みを速やかに解消すること
を強く意識して臨むことが大切である。

１ スピード優先

　確実性よりもスピードを重視して業務を遂行する。先手先手で業務を進めて
いれば，たとえミスリードしてしまってもリカバリーできるからだ。

　一方，確実性を求め過ぎるあまり，業務が停滞し，その挙句ミスリードして
しまったら，更新期限に官公署に申請書の提出が間に合わない，外国人社員の
来日が遅れる，遺産の払戻しが遅れる等，依頼者に甚大な損害を与える危険性
が高くなる。

　依頼者に損害を与えないためにも，「時計の針は巻き戻せない」ということ
を肝に銘じて業務に臨むこと。

２ 依頼者を「動かさない」

　官公署が発行する書類（戸籍謄本，住民票の写し，履歴事項証明書等）を依頼者
に提出させるような指示をすると，たいてい書類が不足していたり請求に手こ
ずって提出が遅くなる。このように，依頼者を動かすことは業務遅滞に直結す
るので原則として行わないこと。
　一方，行政書士が「職務上請求書」や「委任状」を使用して代理で請求すれ
ば，必要書類を速やかに取得できる。そうなれば，業務が速やかに遂行できる
ので顧客価値の実現に直結する。また，代理請求した業務の報酬を請求するこ
とで満足行く報酬にもつながる。

　このように，依頼者を動かさないことは，依頼者と行政書士の双方にとって
メリットがある。

❸ 依頼者を「放置しない」

　依頼者は，一刻も早く悩みを解消したいと切に願っている。そのため，依頼すれば直ちに解決すると思い込んでいる者も少なくない。また，悩みを抱えているため，行政書士から一定期間にわたって連絡が途絶えると不安が増長する。

　そこで，たとえ業務が順調に遂行していても進行状況をメール等で適宜報告すること。そうすることで，依頼者は安心し行政書士への信頼を厚くする。その結果，依頼者からの協力が得やすくなり業務の速やかな完遂を後押しする。

❹ ボールを手元に置きっ放しにしない

　業務遂行はキャッチボールに似ている。依頼者や官公署そしてパートナーとの間で，情報や書類といった"ボール"を相互に投げ合い受け取りながら，問題解決というゴールへ依頼者を導く。

　もし，投げられたボールを行政書士の手元に後生大事に留めておいてしまったら，業務遅滞に陥ってしまう。

　ボールをキャッチしたら，直ちに適切な処置を施して，ボールを待っている相手に投げ返すこと。なお，返球は，相手が捕りやすいようにコントロールするのは当然である。暴投してしまっては，業務を混乱に陥れてしまうこと必至である。

2-7　アフターフォロー

　「アフターフォロー」は，既存依頼者（＝行政書士によって顧客価値を実現した依頼者）をリピーターに変えるポジションである。長期利益を生み出す源泉となる。

❶ 既存依頼者を「情報発信源」にする

　行政書士によって顧客価値を実現できた依頼者は行政書士に全幅の信頼を寄せ，「既存依頼者」へ変わる。その既存依頼者へ情報を発信することで，口コミ

による紹介が自ずと生まれる。

❷「付かず離れず」の関係を維持する

　業務完遂後も，依頼者と季節のあいさつ等を通して「付かず離れずの関係」を維持して「いざ！という時は行政書士の○○先生」と真っ先に思い出してもらえるように「脳のSEO対策」を行う。その結果，遺言の見直しや許可後の更新許可申請等の受任につながる。

第**IV**部

成功の「技」を知る

第Ⅳ部では，前掲の「第Ⅲ部 2-1〜2-7」で提示した「成功の心得」活かして成功を実現する「技」を紹介する。

そこでまず，第1章で「速やかな業務遂行」の技を「7つのプロセス」ごとに紹介する。
次に，第2章で受任率アップと満足行く報酬にフォーカスした「値決めの技」を紹介する。

【図表11】第Ⅳ部の俯瞰図

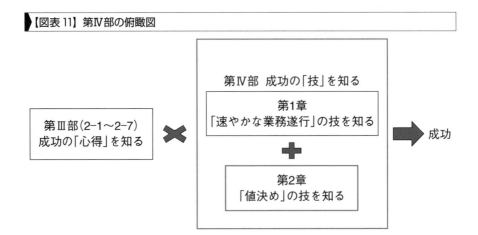

第 1 章

「速やかな業務遂行」の技を知る
～面談の場で受任して業務を速やかに遂行する技

　「先の見えない切実なレベルの悩みの速やかな解消」という顧客価値を実現
するために，行政書士は，面談の場で受任して業務を速やかに遂行することが
求められる。そのことが，成功（＝高い受任率と満足行く報酬の実現）に直結す
る。そこで，本章では，速やかな業務遂行の技を「7つのプロセス」ごとに提
示する。

1-1　準備①（実務脳の習得）〜「抽象」と「具体」を意識して実務脳を精鋭化する

　実務脳のレベルの程度が，面談のパフォーマンスの質，すなわち相談者を
「魅了できる・できない」を決める。そして，優れたパフォーマンスは，行政書
士に対する信頼を生み高い受任率と満足行く報酬を実現する。
　優れた実務脳を習得するには，「抽象」と「具体」を意識することがポイント
になる。

■ 「基本書」（抽象）と「実務書」（具体）の往復運動をする（インプット編）

　基本書で論理的思考を習得する。合わせて，実務書や判例集等で，基本書で
習得された知識が実務でどのように使われているのかを確認する。

　このように，抽象（基本）と具体（事例）を頭の中で往復運動させることで理
解がグッと深くなり，実践的な思考回路（＝実務脳）を効率よく手に入れるこ
とができる。
　さらに，実務経験で習得した経験知を基本書で再確認すると，実務（具体）
が抽象化されて経験知が脳に深く刻まれる。その結果，実務脳がさらに進化す
る。

【図表12】抽象と具体の往復運動と実務脳の進化の関係

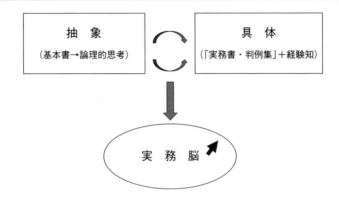

2 研修に参加する（確認）

　基本書でその分野の法律を一通り見終えたタイミングで，学んだことが実務でどのように活用されるのかを確認するために，実務家が講師を務める研修会に参加してみる。

　ポイントは，「学ぶ場」としてではなく，「復習・確認の場」という意識で参加することだ。

　また，面談で重要なことは，先の見えない悩みを抱えている相談者に解決までの道筋，すなわち「ロードマップ」を提示することである。したがって，研修には問題発生から解決までの道筋を意識して参加すると，実務で活かせる情報や知識をキャッチできる。

3 ターゲット顧客を観察する

　1 2 と平行して，「ターゲット顧客が求めているものは何か」という観点に立って，ターゲット顧客が現れる現場に出向いたり，関心を持つ媒体（機関誌，業界誌等）を読むなどして情報を収集する。具体的には次のような場所や手段が考えられる。

---

① **遺言・相続業務**
- 銀行のロビー
- 市役所の戸籍課
- いつ・どこセミナー
- 金融機関主催の遺言・相続のセミナー　等

② **許認可**
- 官公署の申請（相談）窓口
- 業界の機関誌・新聞
- 業界主催のセミナー，シンポジウム　等

このようにターゲット顧客のことをトコトン考え抜くことが，的を射たアプローチにつながる。

1-2　アプローチ

「準備①（実務脳の習得）」がある程度進んだら，実際にターゲット顧客にアプローチする。以下にアプローチの技を提示する。

■1 ターゲット顧客に自分の存在を知らせる

ターゲット顧客に自分の存在が知られなければ次のステージの「引合い」に進めない。

そこで，高い確率で存在を知らせるために，ターゲット顧客の生態を深く考察したうえで，ターゲット顧客に自分の存在を知らせる動きをする。たとえば，次のような行動が考えられる。

①　遺言・相続業務

イ）「いつでも・どこでもセミナー」を開催する

　友人・知人など，既に信頼関係を築いていることはアドバンテージである。当事者はもちろん，その者の親族やコミュニティへの伝播も期待できる。

ロ）ターゲット顧客が現れる所に包囲網を巡らす

　戸籍を請求するために小為替を買いに相続人が訪れる郵便局にポスターを貼る。

ハ）セミナーを開催する

　ターゲット顧客が参加しやすい日時・場所等を想定して開催する。

②　許認可業務

イ）業界誌に広告を掲載する

　ただし，この場合，相手は相当のセミプロであることを覚悟しておくこと。

ロ）継続的なアプローチのきっかけを作る

　ターゲット顧客を訪問する際に，「ごあいさつ」だけでは相手にとってメリットがないどころか貴重な時間を奪われてしまって迷惑以外のなにものでもない。そこで，ターゲット顧客が関わっている許認可に関する更新許可等の要件をまとめたリスト（A4用紙1枚やコンパクトに折りたためるリーフレットがベスト）を作成して手渡す。

　その際に，最新情報等をメール等でお届けする承諾を得る。承諾を得ることができれば，継続的なアプローチを可能とし，「いざ！」という時に真っ先に，ターゲット顧客の頭に浮かぶ存在になる可能性が高くなる。加えて情報を発信するには，情報を収集し，整理し，そして文書化するというプロセスを経るので，実務脳の精度アップにもつながる。

---

column 11

下手な鉄砲は数撃ってもまず当たらない〜媒体選定の基準

「数字を優先的に考えると数字が取れない」というのは世の常。たとえば，アプローチで雑誌に広告を掲載するとする。

A誌は発行部数10万部でB誌は5万部。その2誌に広告を掲載した場合，引合いの件数がA誌はB誌の2倍になるかというと話はそう単純ではない。

まず，顧客価値を見据えて，ターゲット顧客が目にする媒体の候補を選定する。次にさらに深くターゲット顧客の心理を読んだうえで掲載媒体を決定するという手順が大事である。

このような当たり前のことが，数字を目の前にすると見えにくくなってしまう。ターゲット顧客の目に触れない場所で大声を出しても，魚のいない池で釣り糸を垂らすようなもの。貴重な資金と時間を無駄に使わないためにも，顧客価値を基準に置いて媒体を選択したい。

---

2 「顔がわかる人」にアプローチする

友人・知人・親戚などお互いに顔がわかる間には，「信用」に加えて「信頼」が既に築かれていることが多い。

伝えようとする業務の内容が，その者に直接関係がなくても，信用・信頼という基盤があれば，その者の紹介でターゲットに繋がることもままある。

3 「直接」と「間接」の2つのルートを意識する

アプローチでは，「直接」と「間接」の2つのルートを意識すると視野が拡がる。具体的には次のようなルートが考えられる。

① 直接ルート〜ターゲット顧客に直接アプローチする
- 建設業者

- 運送業者　等

② 間接ルート

アプローチする内容には直接関係ないが，交友関係や業務上でターゲット顧客につながる可能性が瀬在的にある者

- 友人・知人
- 士業（税理士，社会保険労務士，弁護士，司法書士等）

　〜顧問先が許認可を取得したり外国人を雇用するなどの可能性がある。

アプローチというと，直接ルートのみを考えがちである。このように間接ルートも開拓すると引合いの基盤がより広がる。

■4 ターゲット顧客の価値を見出す

アプローチの段階で，ターゲット顧客と話す機会を得たらターゲット顧客の「価値」を見出すことに注意を集中する。そのことによって，顧客価値を実現する姿勢が自然と会話や立振舞いに現れる。その結果，ターゲット顧客はその者に好印象を抱き，引合いのステージに上がる確率が高くなる。また，その姿勢は差別化を生むヒントをキャッチすることにもつながる。

1-3　引合い

引合いの目的は，まず「面談のアポイントを確定する」こと。次に「面談で必要な情報を入手する」こと。そして「相手の本気度を計る」ことの以上3つである。以下にこの3つの目的を達成する技を提示する。

■1 面談の日時と場所を決める

面談希望者は，今抱えている先の見えない切実な悩みをできるだけ早く解消したいと願っている。だから，できるだけ早く面談を行うように努めること。早いアポイントは相手にとって安心につながる。しかも，「早めに時間を取っ

てもらった」と行政書士に対して信頼も芽生える。結果として，高い受任率の要因の一つになる。

② 面談を的確に実施するための必要最低限の情報を入手する

面談を的確に実施するための情報を入手する。たとえば，相続業務であれば，相続人の範囲と相続財産の範囲と評価である。なお，子細に聞き過ぎると「面倒」と感じてしまって敬遠されてしまうことがあるので注意すること。

引合いメモ（P33【現物資料２①】参照）を事前に用意するなどして，的を射た会話やメールができるように準備をしておくこと。

③ 相談料を伝える

高い受任率と満足行く報酬を実現するという観点に立てば，相談料を請求することが望ましい。費用はワンコイン（500円）でも構わない。ワンコインを躊躇する人は，そもそも悩みのレベルが切実ではないので「聞くだけ」で終わる可能が高い。また，たとえ受任できても満足行く報酬を得る見込みも低い。

なお，状況によっては無料相談も成功につながる。たとえば次の２つのケースが考えられる。

①　リピーターからの引合い

「通常は相談料を頂いておりますが」と前置きしたうえで，「前回お仕事を頂戴しましたので無料で承ります」と告げる。

②　紹介者がある場合

「○○様からのご紹介を頂いているので無料とさせて頂きます」と告げる。

このように，面談希望者は無料で相談に応じる理由を知ると，満足感や初めて会う前から紹介者を通じてつながっているという安心感を得る。この満足感と安心感が，面談の場での高い受任率と満足行く報酬の実現の布石となる。

---

column 13
無料相談のコストを意識する

通常，面談には1〜2時間を要する。また，面談前の準備（＝「準備②」）には数時間を要する。それに，実務脳の習得（＝「準備①」）に相当の期間を既に費やしている。

したがって，たとえば，無料相談を1時間行っても，単純に「時給○千円×1時間×0円（＝無料）＝0円」ではないことを認識しておくこと。無料相談を行うことも，時と場合によっては有効であるが，乱発すると事業継続を困難にする要因となりかねないのだ。

1-4　準備②（面談に臨む準備）

面談で受任して満足行く報酬を得るために必要な，面談に臨む準備の技を提示する。

■ 面談をイメージする

出会いの挨拶から別れの挨拶まで一通りイメージしてみる。すると，「すべきこと」が自ずと浮かび上がってくる。

2 知識を確認する

　基本書と実務書・判例集等で，相談者の悩みを解決するために必要な知識を確認する。わかり切っていることでも念のため確認すること。

　インターネットの情報は，情報が古かったり明らかに誤った内容のものもままある。原則として官公署が発信しているもの以外は，参考程度に止めておくのが無難である。

3 面談の脚本を描く

　挨拶から終了まで 60〜90 分以内で完了させる「タイムテーブル」を次の手順でイメージする。

---

　①　面談で行うことをアットランダムに箇条書きする

　　　　　　　　　　　↓

　②　①で箇条書きした項目を取捨選択して項目別に括る

　　　　　　　　　　　↓

　③　②を時系列に並び替える（＝「タイムテーブル」の完成）

　そして，イメージした内容を「面談シート」に落とし込む（P34【現物資料3-1 ①】・P52【現物資料3-1 ②】参照）

4 「ロードマップ」を作成する

　引合いで得た情報を基に，相談者の先の見えない切実な悩みを解消するまでの道筋（＝ロードマップ）を描く。なお，この段階では情報が限られているため，「おおよそ」で構わない（P53【現物資料3-2 ②】参照）。

　面談では，相談者から得た情報を準備②で用意した「ロードマップ」に加筆して完成させて相談者に提示する（P66・67【現物資料3-2 ③】参照）。

5 「仮・見積書」を作成する

　業務に係る項目を，原則として時系列に並べた見積を作成する。この段階で

は，項目および単価を記載すれば足りる（P55【現物資料3-3②】参照）。

そして，面談で内容をヒアリングしたうえで，引合い段階で不明だった点を埋めたり面談で新たに得た情報を加筆するなどして完成させることになる（P68【現物資料3-3③】参照）。

なお，値下げを想定して下限も決めておくとよい。下限を提示してもさらに値下げを要求されたら断るのが無難である。筆者の経験上，値下げに屈して受任した案件は，受任後に依頼者から協力が得られなかったり面談でヒアリングした内容と事実関係が乖離しているなど，トラブルがよく発生するからだ。

⑥ 「委任契約書」を作成する

あらかじめ用意してある委任契約書（P41【現物資料3-4①】参照）を引合いと面談で得た情報や決定した見積金額を加筆するなどしてカスタマイズして完成させる（P70【現物資料3-4③】参照）。

⑦ 「委任状」を作成する

必要に応じて，委任状を用意しておく（P43・44【現物資料3-5①（その1・その2）】参照）。

┃1-5 面談

面談には，「決める場」であるということを肝に銘じて臨む。「取りあえず相談者に会う」といったユルユルの気持ちでは，相談者から信頼を得ることは難しい。また，仮に受任できても満足行く報酬は期待できない。以下に，面談で受任して満足行く報酬を得るための技を提示する。

❶ 悩みを可視化する

相談者は「先の見えない切実なレベルの悩み」を抱えている。そして，頭の中はカオスの状態に陥っている。

　そこで，まずは相談者の話しをじっくり聴く。カオスの状態だからあちこちに話が飛ぶなどして理路整然と説明できないこともある。しかし，話の腰を折ってはいけない。気持ちよく話してもらうように努めること。そのためには，相槌，オウム返し，頷きなど意識して使うことも必要になる。

　相談者が一通り話し終えたら，悩みの内容，原因，解決方法を箇条書きして提示してみる。すると，相談者は抱えている悩みを客観的に可視化できてカオスの状態から脱することができる。このことで，相談者は落ち着きを取り戻し面談がスムーズに運ぶ。

❷ 「ロードマップ」で先行きを照らす

　「先行きが見えない」ことが相談者の抱えている悩みを一層深くしている。

　したがって，「悩みを解消するまでの道筋」すなわち「ロードマップ」を面談の場で提示すれば，相談者は「こうすれば悩みが半年後には解消できるのだ」といったように気持ちが前向きになる。

　そこで，「準備②」で作成した「ロードマップ」（P53【現物資料3-2②】参照）に，面談で入手した情報を書き加えて提示する（P66【現物資料3-2③】参照）。すると，相談者は，自分が抱えている先が見えない切実な悩みに解決への道筋を照らしてくれた行政書士に信頼を抱くようになる。

❸ 「体制図」を提示する

　問題解決に他士業の協力が必要な場合は，行政書士のファシリテーターとしての役割を提示する。そうすると，相談者は行政書士に依頼した場合のメリット（ワンストップで信頼の置ける専門家のサービスを享受できる等）を理解する。その結果，相談者の気持は依頼にグッと傾く（P65【図表5】参照）。

❹ 業際問題を回避する「決め言葉」を伝える（業際の説明）

　業際問題の発生が予測される業務では，必ず業際について説明する。さらに，いざというときの「出口」を用意しておく。たとえば，遺産分割協議業務では，「相続人間で揉めたら辞任する」とハッキリと伝える。この言葉は，「自

分の身を守る」ことはもちろんのこと，相談者に「もし，身内でもめたらこの行政書士に依頼できなくなってしまう。もめてしまったら解決に時間とお金がかかって大変だ」と自覚を促すので，「相続人間の紛争抑止」にもつながる。

また，顧客価値を実現するために，登記申請や税務申告等を行うために他士業の関与が必要な場合は，守秘義務（行政書士法12条）の観点からパートナーが業務に関与することに対してあらかじめ了承を得ておくこと。

❺ 「分解見積」を提示する

この段階までくると相談者の気持は依頼に大きく傾いている。そして，頭の中では「依頼をしたらいくらかかるのだろうか」と費用について気になり出す。

そこで，準備しておいた「見積書」（P55【現物資料3-3②】参照）に面談で入手した情報を加えて「見積書」を提示する（P68【現物資料3-3③】参照）。そして，「ロードマップ」と対比しながら一つひとつの項目の内容について説明する。

相談者は，既に「ロードマップ」と「体制図」を見ているので，積算根拠のある分解見積に提示された金額に納得感を得る。

なお，面談でヒアリングした内容よりも着手後に業務量が増えてしまった場合に，積算根拠がある見積書を提示しておくと追加請求がしやすくなる（以上詳しくは，「P160「第Ⅳ部2-2」参照）。

❻ 依頼の意思の有無を確認する

「依頼されますか？」といったように，相談者に「依頼をする・しない」の意思を確認する。この点を曖昧にしてしまうと，たとえば，相談者は依頼をしたつもりでも，行政書士が「この方（＝相談者）は，相談のみだ（依頼はしていない）」と勝手に判断してしまったら，業務遅滞となってしまう。そうなると，更新許可申請の案件では，更新許可申請書を提出しないまま更新期限を過ぎて更新できないといった大問題に発展してしまう。

また，その逆であれば，報酬未払いや，職務上必要性がないにも関わらず，

第三者の戸籍謄本や住民票の写しを請求・取得するといった職務上請求書の不正使用等の問題に発展するおそれもある。実際，「依頼をした・しない」が原因の懲戒処分は少なくない。十分注意すること。

なお，「依頼されますか？」という問に対して，「依頼する」という内容の言葉が得られれば，この時点から「相談者」は「依頼者」となる。

７ 委任契約を締結する

依頼の意志が確認できたら，準備しておいた委任契約書に相談者，行政書士の双方が署名（または記名）押印して正式に受任する（P70【現物資料3-4③】参照）。

なお，用意していた委任契約書の内容を訂正等するために面談時に締結できない場合もある。その場合は，「〇日までに契約書をお届けしますので，署名押印のうえ返信してください」と念を押し，面談当日もしくは翌日までには，依頼者へ返信用封筒を同封のうえ郵送すること。

８ 「職務上請求書」の使用許可を得る

職務上請求書を使用する場合は，職務上請求書の説明をしたうえで使用の許可を得る。許可を得たら，面談終了後に直ちに必要事項を記入して官公署に郵送する。そうすれば，たいてい投函から5日以内に戸籍謄本等が届く。

９ 「委任状」をもらう

職務上請求書で取得できない書類（「固定資産税評価証明書」「登記されていないことの証明書」「身分証明書」等）が必要な場合は，代理で請求・取得するために委任状をもらう。面談の場で委任状を取得することで，業務は少なくとも1週間程度早く進む（P59・60【現物資料3-5②（その1）（その2）】参照）。

なお，原則として「印鑑登録証明書」以外は行政書士が官公署に請求して取

得すること。このことは,「依頼者を動かさない」ことにつながる。

🔟 返信用封筒を渡す

印鑑登録証明書等を返信してもらう場合は「返信用封筒」を手渡す。なお,返信用封筒には,「返信先」(行政書士の住所)と「送り主」(依頼者)を記載の上,切手を貼り付けること。依頼者の手間を可能な限り取り除くことで必要書類の早期入手が可能になる。

🔟🔟 情報を共有化する

打合せ内容の資料やメモの中で,依頼者と共有した方がよいものをコピーして渡す。たとえば,「打ち合わせ時のメモ」「ロードマップ」等が考えられる。

このことで,依頼者と情報を確実に共有できるので,「言った」「言わない」等のトラブルの防止や依頼者から業務遂行の協力が得やすくなる。

🔟🔟 請求書を発行する

面談の場で手渡すことで早期入金につながる。面談の場で手渡すことができない場合は,翌日には投函すること。

▌1-6　業務遂行

顧客価値の実現に直結する「速やかな業務遂行」を可能にする技を提示する。

■ 受任直後に着手する

面談で相談者から受任の意思を確認できたら,直ちに業務に着手する(P148「第Ⅳ部1-5 🔟 🔟」参照)。具体的には,次のようなことが挙げられる。

① 職務上請求で戸籍謄本等を官公署に請求する (P149「第Ⅳ部1-5 🔟」参照)
② 戸籍謄本等以外の書類を官公署に請求する (P149「第Ⅳ部1-5 🔟」参照)

通常，受任当日もしくは翌日までに官公署に書類を請求すれば，面談終了日から10日以内にほとんどの書類は取得できる。

❷ レターパックを活用する

依頼者に返信してもらう書類（印鑑登録証明書等）がある場合は，ご依頼主（＝依頼者）欄とお届け先（＝行政書士）欄を記入したレターパックを渡しておく。その際，依頼者が「投函した・しない」を把握するために，表面のコピーを取って追跡番号を記録しておく。そうすることで，依頼者の「動き」を掴むことができる。

もし，返信予定期日を過ぎても書類が届かなければ，直ちにゆうちょ銀行の「郵便追跡サービス」で調べてみる。その結果，「該当番号なし」となったら，依頼者に書類を送るように催促する。このことで業務遅滞を水際で食い止めることができる。

❸ 依頼者に「期日」を指定する

依頼者に，書類の提出やメールの返信など動いてもらう場合は，「○月○日までに投函してください」「○月○日までにご回答ください」といったように必ず期日を指定すること。そうしないと，ずるずると先延ばしになってしまって業務遅滞に陥る危険性が高くなる。

依頼者に期日を指定することに対して，依頼者を急かすようでためらいを覚える者もいるかもしれない。しかし，「期日を指定する」ことは，「速やかに悩みを解決する」という顧客価値を実現するために必要不可欠である。躊躇することは一切ない。

❹ その日の内に返信する

依頼者を放置しないこと。依頼者は「一刻も早く切実な悩みから抜け出したい！」と切に願っている。メールの返信が遅れることで，不安な気持ちが増長して，行政書士に対して「自分の案件が後回しにされているのではないか」など不信感を抱くこともある。

　依頼者から受信したメールの返信は，原則その日の内にすること。時間的に回答が困難な時は，取り急ぎ「拝受した」旨だけでもよい。

5 チームを編成する

　業際等の関係で依頼を完遂するために他士業の協力が必要な場合は，直ちにパートナー（＝信頼できる司法書士，税理士等の他士業）に案件の概要を伝えて協力を要請する。

　また，業務を速やかに完遂するのに不安な場合は，アドバイザー（＝受任した案件に詳しい信頼できる行政書士）に早目に協力を要請する。なお，このように，チームを編成して業務を行う場合でも，総責任者（＝チームリーダー）は，あくまでも依頼者から受任した自分であることを忘れてはならない。

6 申請窓口を活用する

　許認可の案件で，許可基準等の法的解釈や判断に迷ったら，アドバイザーからの助言に加えて許可権者の申請窓口に照会すること。

　この場合，該当する条文のコンメンタールや判例等をある程度調べたうえで問い合わせること。それを怠って照会すると担当者の話を十分に理解できないで終わってしまう。ただし，照会前の下調べに時間をかけ過ぎてしまうと，慎重なあまり業務遅滞に陥る危険があるので注意すること。

---

column 14
テンポよいリズムが申請窓口から的確な情報を引き出す

　行政書士が案件に関する関係法令を十分に理解していると，官公署の担当者は，行政書士に対して的確な情報を提供してくれる。この中には，書籍や研修では得ることが困難な貴重なものもままある。反対に，理解不足で問い合わせると，必要最低限の情報しか聞き出せない。

　この差は，リズムから生まれる。つまり，官公署の担当者と行政書士間の「法令を

介したテンポよい質疑応答」が，官公署の担当者から貴重な「現場」の生きた情報を
引き出すのだ。

1-7　アフターフォロー

　依頼者を「リピーター」と「キーマン」に変えて，「長期利益の源泉」にする
技を提示する。

1　コンタクトの承諾を得る

　業務が完了した後の依頼者との打合せで，今後のコンタクトの承諾を得る。
承諾を得ずにコンタクトを取ると，個人情報の観点から問題がある。また，案
件の内容によっては，「相談したことを身内に知られたくない」といったような
理由で，依頼者が行政書士からの接触を望まない場合もあるので注意を要する。

2　さりげなく継続的にコンタクトを取る

　自分の存在を相手の脳に焼き付ける（＝脳の SEO 対策）ために，年賀状や暑中
見舞いを利用して継続的にコンタクトを取る。ただし，宣伝が主となると不快
感を与えるおそれがある。あくまでも「挨拶が主で宣伝は従」であることを肝
に銘じること。したがって，宣伝は「取扱業務：遺言作成・相続手続，外国人
の入国管理手続」といったようにさりげなくするのがよい。

3　請求書に一言を添える

　業務完了後に請求書を送る際に，請求書だけ封入しないこと。そうしてしま
うと受け取った側は味気なく感じるはずだ。

　請求書とは別に，依頼者へ業務遂行への協力の感謝と労をいたわる言葉を添
えてみる。きっと受け取った元依頼者は，悩みが解消したことを実感し，業務
を速やかに遂行した行政書士に改めて感謝の気持を抱くにちがいない。そうな
ると，自然と依頼者の頭の中に行政書士の存在が刻まれるはずだ。

第2章 「値決め」の技を知る～値決めは経営

　すべてのビジネスの目的は，持続的に利益を出すこと，すなわち「長期利益」の実現である。利益が持続的に出ていれば，シェア，成長，顧客満足，従業員満足，社会貢献など他の大切なことは大体なんとかなるからだ。

　当然のことながら，利益を出すためには値決めは重要である。稲盛和夫氏が言うように，正に「値決めは経営」に直結するのである。

　利益とはつまるところ収入からコストを引いたものである。依頼者が支払ってくれる金額の水準とそれを得るのにかかる金額の差分である。至ってシンプルな尺度である。

　相談者は，「より安く質の高い法務サービスを受けたい」と思う。一方，行政書士は「満足行く報酬を得たい」と考える。このように，相談者と行政書士は「利益の綱引き」を行っているのだ。

　しかも，「相談者」は買い手であり，「依頼をする・しない」を決める意思決定者でもあり，支払者でもある。したがって，報酬に関して言えば，行政書士に対して圧倒的に有利な立場にある。まず，このことを自覚する必要がある。

　つまり，報酬に関して有利な立場にある相談者に対して，面談の場で立場を逆転しなければ「満足行く報酬」を得ることはできないのである。

　相談者に対して面談の場で「優位な立場」に立つには，相談者から面談の場で「この先生にぜひお願いしたい」と心底思われることが求められる。そう思われなければ値決めで主導権を握ることはできなし受任さえも覚束ないだろ

う。当然，値決めで主導権を握るには，相談者を魅了するパフォーマンスを面談の場で行うことができる能力（＝相談者が，「この先生に依頼すれば，今自分が抱えている先が見えない悩みが速やかに解消できるに違いない」と確信できる面談を実施できる能力），すなわち顧客価値を叶えることができる精度の高い実務脳を習得していることが前提条件となる。

　そこで本章では，一定以上のレベルの実務脳の習得できていることを前提条件として，「失敗する見積」（低い受任率と不本意な報酬に甘んじる見積）と「成功する見積」（高い受任率と満足行く報酬を実現する見積）を比較することで，高い受任率と満足行く報酬を実現する「値決めの技」を開示することにする。

column15
売上至上主義の末路

　「顧客第一主義」を持論とするある所長がこう言っていました。「依頼者の喜ぶ顔を見るのが事務所のすべてです。ですから，思い切った値下げに踏み切りました。ご覧ください。依頼者の皆さんは喜んでおります！」。

　しかし，これは詭弁である。裏を返せば，値下げをしなければ誰も欲しくないような，ろくでもないサービスなのかもしれない。

　根拠のない値下げをした結果，「売上」は伸びるかもしれない。しかし，「利益」は確実に下がる。行政書士の経営でこわいのは，実質的な赤字が表面化しないことである。ほとんどのコストが「時間」であるため，目に見える物の仕入れがほとんどなくて済むので「数字」に表れにくいのである。

　この「コストを意識する」ことが，「値決め」にとって重要である。

　「売上目標〇千万円」などと売上を目標に掲げても利益が出なければ経営は成り立

たないことは，バブル期の売上至上主義を掲げた企業がたどった末路を振り返れば明らかである。バブルの教訓を事務所経営に活かすことは大切である。

2-1　失敗する見積（一括見積）を読み解く

ほとんどの行政書士が「報酬額統計調査」と同業他者のホームページを参考に，「遺言書作成・一式・〇万円（〜）」といったような「一括いくら」という形式（以下「一括見積」という）で報酬を算出しているようである。

このような身内の都合による「自分（業界）本位の見積」は，相談者から見れば根拠に乏しく非論理的なものである。そのため，相談者は「（依頼内容に対して）高いのではないか」「無知に付け込まれているのではないか」「この行政書士に依頼するのが果たして正解なのか」といった具合に不信感を持つ。

そこで，まずは旧態依然の「一括見積」が失敗（＝低い受任率と不本意な報酬）に直結することを見てみることにする。

■1 形式

業務全体で丸ごといくら，といった「一括見積」である。

第Ⅱ部Ⅰ章で紹介した失敗事例のF山先生が相談者に提示した見積をもう一度見てみる。

【現物資料1（再掲）】

見　積　書

　〇〇　〇〇様

「遺産分割協議」について，下記のとおりお見積いたします。ご検討の程，よろしくお願いいたします。

手数料	￥100,000
消費税（10％）	￥10,000
立替金その他	￥0
見積金額合計	￥110,000

手数料

区　分	件名	手数料額（単価）	摘要（枚数等）	単位	金額
手数料	遺産分割協議	￥100,000	1	式	￥100,000
				①小計	￥100,000
				②消費税（10％）	￥10,000
				③合計（①＋②）	￥110,000

立替金その他【注】手数料

区分	件名	単価	摘要（枚数等）	単位	金額
				実費・立替金合計…B	￥0

【注】立替金等の実費は，業務完了時に清算させていただきます。

1．業務内容：遺産分割協議に関する一切の業務

　　　　　　事務所　東京都千代田区飯田橋2丁目2番2号　富士見ビル101号室

　　　　　　　　　　　　　　電　　話　03-1234-5678
　　　　　　　　　　　　　　ファックス　03-1234-5679

　　　　　　　　　　　　　　　　F山行政書士事務所

　　　　　　行政書士　F山　次郎　㊞

2 値決めの根拠

根拠に乏しく非論理的。

① 価格（算出）の根拠が乏しい〜主体性がない自分（業界）本位の内容

　同業他者のホームページに掲載さている報酬額や日本行政書士会連合会が公表している報酬額統計を参考に見積る。最後は，「こんな感じかな…」といった具合で決める。

　そのため，このように算出根拠が不透明なため説得力が乏しいものとなる。その結果，相談者は疑心暗鬼を深めてなかなか依頼に踏み切ることができない。

▶【図表13】平成27年（2015年）度報酬額調査の結果

遺言書の起案及び作成指導

回答者	2万円未満	2万円〜4万円未満	4万円〜6万円未満	6万円〜8万円未満	8万円〜10万円未満	10万円〜20万円未満	20万円〜30万円未満	30万円以上	平　均	最小値	最大値	最頻値
352人	36	101	107	25	19	56	6	2	57,726	2,000	500,000	50,000
100.0 %	10.2	28.7	30.4	7.1	5.4	15.9	1.7	0.6				49 件

遺産分割協議書の作成

回答者	2万円未満	2万円〜4万円未満	4万円〜6万円未満	6万円〜8万円未満	8万円〜10万円未満	10万円〜20万円未満	20万円〜30万円未満	30万円以上	平　均	最小値	最大値	最頻値
596人	94	166	162	44	23	77	21	9	59,807	3,000	810,000	50,000
100.0 %	15.8	27.9	27.2	7.4	3.9	12.9	3.5	1.5				69 件

相続人及び相続財産の調査

回答者	2万円未満	2万円〜4万円未満	4万円〜6万円未満	6万円〜8万円未満	8万円〜10万円未満	10万円〜20万円未満	20万円〜30万円未満	30万円以上	平　均	最小値	最大値	最頻値
366人	55	110	105	13	9	57	11	6	59,230	3,000	615,600	50,000
100.0 %	15.0	30.1	28.7	3.6	2.5	15.6	3.0	1.6				52 件

相続分なきことの証明書作成

回答者	1万円未満	1万円〜2万円未満	2万円〜3万円未満	3万円〜4万円未満	4万円〜5万円未満	5万円以上	平　均	最小値	最大値	最頻値

| 101 人 | 39 | 33 | 14 | 3 | 1 | 11 | 17,335 | 1,000 | 100,000 | 10,000 |
| 100.0 % | 38.6 | 32.7 | 13.9 | 3.0 | 1.0 | 10.9 | | | | |

遺言執行手続

回答者	10万円未満	10万円～20万円未満	20万円～30万円未満	30万円～40万円未満	40万円～50万円未満	50万円以上	平均	最小値	最大値	最頻値
121 人	22	10	25	26	9	29	370,797	15,000	3,300,000	300,000
100.0 %	18.2	8.3	20.7	21.5	7.4	24.0				15 件

② 非論理的

　見積を見ても，行政書士が顧客価値を実現するために，「何」に「どれだけ」の能力と時間を費やすのか読めない。そのため，見積から問題解決までのストーリーをイメージできない。

❸ 記載事項

業務名と金額といった最低限の事項しか記載されていない。

❹ 提示のタイミングと仕方

面談の場で提示出来ない。提示しても見積書のみでロードマップの提示はない。

① 面談の場で提示できない

　面談の場で提示できない。また，提示できたとしても口頭で業界平均値を伝える程度に止まる。そのため，相談者は依頼に踏み切ることができない（＝顧客価値の実現が遠のいてしまう）。

② 見積単独で提出（「ロードマップ」の併用なし）

　見積書のみ（しかも一括見積）しか提示しない。そのため，相談者の理解を得られず，訴求力に乏しい。なお，面談でロードマップを提示できない主な原因は，業務の着手から完了までを俯瞰できない脆弱な実務脳に起因する。

5 値下げ要求への対応

値下げ要求にいとも簡単に応じてしまう。その結果，相談者は行政書士に対して不信感を抱く。

① 値下げ要求に屈する

提示した価格に対して，相談者から「他（の行政書士）はもっと安い」「報酬額統計を見たら○○円（＝最安値または最頻値）と出ていた」といったように値切られてしまい，簡単にその要求に屈してしまう。

② 根拠無き値下げをする

値下げ金額は「では，○割お値引きします」「ご要望の金額に合わさせて頂きます」といったように，根拠なく値下げをする。そのため，相談者は「最初の提示金額はいい加減に算出された不当に高いものだったのではないか」と不信感を抱く。

以上を総合的に勘案すると，失敗する見積の根本的な原因は，脆弱な実務脳と「相談者の立場で考えていない」すなわち，顧客価値の不理解にある。それが，見積書の提示の遅さと安易に「自分（業界）本位の見積」を相談者に提示する（押し付ける）ことにつながっている。そして，相談者は行政書士に対して不信感を募らせ，行政書士に依頼をしない（顧客価値の実現も遠のいてしまう）。また，たとえ依頼をしても，値下げを要求することになる。すなわち，失敗（＝低い受任率と不本意な報酬）をもたらすことになる。

2-2　成功する見積（分解見積）を読み解く

顧客価値の実現に基づく「顧客本位」の「分解見積」が，成功（＝受任率のアップと満足行く報酬の実現）を導くことを確認する。

１ 形式

　業務の内容ごとに費用が算出されている「分解見積」である。

　第Ⅱ部２章で紹介した成功事例のＳ川先生が相談者に提示した見積を再び見てみよう。

【現物資料3-3③】見積書（分割見積）（再掲）

見 積 書

田中花子　様

「遺産分割協議」について，下記のとおりお見積いたします。ご検討の程，よろしくお願いいたします。

手数料	￥576,000
消費税（10％）	￥57,600
実費・立替金	￥16,400
見積金額合計	**￥650,000**

手数料

区　分	件　　名 ①	手数料額（単価）	摘要（枚数等）	単位	金額
基本料金	業務に要する時間	￥5,000	40	時間	￥200,000
手数料	相続人１名あたり加算料金	￥15,000	3	人	￥45,000
〃	相続人の範囲の調査（基本料金）	￥20,000	1	式	￥20,000
〃	戸籍謄本等の請求・受領	￥1,500	10	通	￥15,000
〃	「相続関係説明図」の作成	￥10,000	1	通	￥10,000
〃	相続財産の範囲と評価の調査（基本料金）	￥20,000	1	式	￥20,000
〃	固定資産税評価証明書，履歴事項全部証明書等の請求・受領	￥1,500	4	通	￥6,000
〃	「財産目録」の作成	￥10,000	1	通	￥10,000
〃	「遺産分割協議書」の作成	￥20,000	1	通	￥20,000
〃	金融機関手続代行	￥40,000	3	行	￥120,000
〃	金融資産（2,000万円）の0.5％	￥100,000	1	式	￥100,000
〃	**遺言検索**	￥10,000	1	回	￥10,000
			①小計		￥576,000
			②消費税（10％）		￥57,600
			③合計（①＋②）		￥633,600

161

実費・立替金額明細　②

区　分	件　　名	単価	摘要 (枚数等)	単位	金額
実費相当額	相続人の範囲の調査（戸籍謄本等）	￥7,000	1	式	￥5,000
〃	相続財産の評価と範囲の調査（固定資産税評価証明書，履歴事項全部証明書，残高証明書等）	￥4,000	1	式	￥4,000
〃	交通費，郵送費，複写代等	￥8,000	1	式	￥8,000
その他	**千円未満切り捨て**	￥－600	1	式	￥－600
			実費・立替金合計…B		￥16,400

※見積の前提条件の変更や実費等の清算の都合上，ご請求金額が上記金額と異なる場合があります。あらかじめご了承ください。

※司法書士（不動産登記），税理士（税務申告）等の他の専門職に業務を委託する場合は，別途費用がかかります。

1. 業務内容／③ 遺産分割協議に係る次の業務
   - (1) 相談業務
   - (2) 書類の請求及び受領（戸籍謄本，登記簿謄本，固定資産税評価証明書等）
   - (3) 書類の作成（「遺産分割協議書」「相続関係説明図」「財産目録」等）
   - (4) 金融機関の相続手続の代行（銀行，証券会社等）
   - (5) 上記 (1)～(4) に係る一切の業務

2. 特約／④ (1) 相続人の間で紛争が生じた場合は，行政書士法等により業務を継続できません。あらかじめご了承ください。
   - (2) 着手金の着金を確認次第，業務に着手します。

3. お支払方法／⑤ (1) 着手時に，手数料の6割と実費相当額の合計をお支払ください。残金は業務完了後5日以内にお支払ください。なお，着手金の返金は，当職の責による業務遂行の中止の他，一切なしとします。
   - (2) 司法書士または税理士に業務を委託する場合は，委託前にご入金ください。

4. お振込先／⑥ 税経銀行　飯田橋支店　（普通）7654321　S川行政書士事務所　S川太郎（エスカワギョウセイショシジュムショ　エスカワタロウ）
   ※振込手数料が発生する場合は，ご負担いただきますようお願いいたします。

5. 見積有効期限／⑦ **令和2年4月11日（土）** まで

令和2年4月4日（土）

事務所　東京都千代田区飯田橋1-2-3　アサヒビル123号室
電　　話　03-1234-5678
ファックス　03-1234-5679

S川行政書士事務所

行政書士　S川　太郎

※①～⑧については，次頁「**3** 記載事項」を参照

2 値決めの根拠

根拠があり論理的。

① 価格（算出）に根拠がある〜主体性がある顧客本位の内容

自分（＝相談者）が抱えている問題を解決するために，行政書士が「何」に「どれだけ」の能力と時間をかけるのかが明確に記載されているので納得して依頼できる。

② 論理的

業務の手順に沿って項目が列挙されている。しかも行政書士からロードマップと合わせて説明があるので問題解決までのプロセス，すなわち行政書士が顧客価値を実現するために「何」に「どれだけ」の能力と時間を費やすのかが見える。

そのため，相談者は見積書を見れば解決までのストーリーをイメージできるので安心感を得ることができると同時に行政書士に信頼感を寄せる。その結果，相談者は依頼に踏み切ることができる。

3 記載事項（①〜⑦は前頁「見積書」に対応）

顧客価値の実現のために行う業務を項目ごとに分解して記載する。加えて業務を遂行するにあたり，想定できるリスクについても明記する。このことで，入金に関するトラブルはもちろんのこと，業際や依頼者とのトラブルを未然に防ぐことができる。

① 件名

業務を分解し，原則，業務遂行の手順（＝ロードマップ）に沿って記載する。

ロードマップと見積の2つを合わせて提示して説明することにより，行政書士が問題解決のために「何」を「どれだけ」行い，その結果，「これだけ」の費用がかかることを理解できる。したがって，相談者は見積金額の「安い」「適正」「高い」を判断しやすくなる。

②　実費（実費・立替金明細）

　相談者は，ふつう「費用」を「すべての費用」，すなわち報酬と実費の合計金額と考えている。したがって，見積には実費または実費相当額を必ず記載すること。

　見積書に報酬のみ提示して請求する時に実費を請求すると，「見積金額ですべて済むものだと思っていた（だから実費は払わない）」といったような請求金額をめぐるトラブルが発生することもあり得る。

　なお，業務の進捗状況等によっては見積金額より増える場合もあることを明記しておくこと。

③　業務範囲（業務内容）

　ロードマップに対応した，業務完遂までに想定できる業務範囲を明示する。この記載がないと，着手後に，面談の情報と事実関係が異ることが判明したため，想定外の業務が発生した場合に追加請求が困難になる場合がある。

④　免責事項（特約）

　業際問題や報酬の未入金等，想定できるリスクを回避するための事項を記載しておく。

　この記載がないと，業務着手後に，次のような事態が発生しても業務を継続せざるを得ない等，相当深刻な事態を招くことがある。

- ・　遺産分割協議の紛争が生じた。
- ・　事実関係を調査後に許可基準を満たしていなかった。
- ・　相談者の協力が得られない。

---

⑤　支払期日（お支払方法）

　必ず記載すること。この記載がないと，入金までに長期間を要してしまったり，入金されないなどの事態を招くおそれがある。なお，期日までに入金が確認できない場合は，直ちに依頼者に確認・催促して未入金を防止するこ

と。

⑥　振込先

振込手数料が発生する場合の負担について明記する。この記載がないと，依頼者の都合で振込手数料が引かれた金額で入金されることがある。

⑦　有効期限（見積有効期限）

有効期限を明記することで，相談者に「依頼する・しない」の決断を促すことにつながる。

これにより，相談者は早期解決を，一方，行政書士は受任率のアップと早期受任（＝早期入金）を実現できる。

この記載がないと，提示日から相当経過してから提示した見積と同条件で依頼を引き受けざるを得ない状況が発生するリスクが伴う（時間が経過するとたいてい問題が複雑化して，当初提示した金額では割が合わなくなっている）。

◢4 提示のタイミングと仕方

面談の場でロードマップと合わせて提示する。

①　面談の場で提示する

引合いの情報を基に，「準備②」で用意しておいた「見積書」（＝項目が記載されていて，数字等を加筆すれば金額が提示できる見積書・P55【現物資料3-3 ②】参照）に，面談でヒアリングして得た情報を記載して面談の場で提示する（P68【現物資料3-3 ③】参照）。

②　「ロードマップ」とセットで提示する

相談者は，見積書とロードマップを見比べることにより，先行きを見通せて安心感を得る。その結果，行政書士に信頼感を寄せる。

【図表14】「ロードマップ」と「分解見積」の相関関係

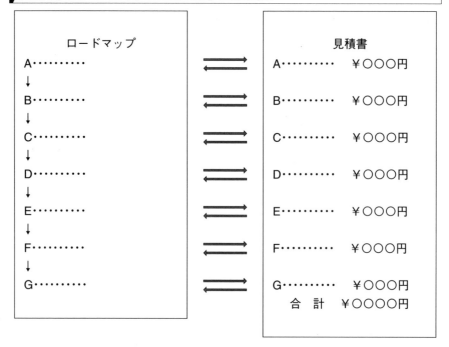

5 値下げ要求への対応

　以上の段取りを踏めば，値下げを要求されるケースは少ない。それでも要求された場合は，次のように対応する。

①　値下げ要求への事前対策を練っておく

　相談者の事情で値下げに応じざるをえない場合がある。そのため，値下げの下限を設定しておく。値下げの下限を設定することにより，やみくもに値下げすることを防止できる。なお，下限を下回る金額を要求された場合は，筆者の経験上受任しない方が賢明である。たいてい，面談でヒアリングした内容より事実関係が複雑であったり，依頼者の協力が得られないなど業務遂行と採算の両面で厳しい状況（＝ハイリスク・ローリターン）が待ち受けている。

② 根拠ある値下げをする

値下げをする場合は，たとえば，「相続手続業務における金融機関の手続きの1行分」等，見積項目の中から値下げ項目を示すなどして根拠を示すこと。

③ 満足感を演出する

リピーターの場合は，「前回ご依頼有り」，また，紹介者がある場合は，「〇〇様からのご紹介有り」として，事前に値引き項目を入れておく方法もある。

このように再会・出会いの感謝を"値引き"でさりげなく演出することで相談者は満足感を得て依頼に踏み切る気持ちになりやすい。

以上を総合的に勘案すると，成功の根本的原因は，「相談者の立場で考える」すなわち，顧客価値を理解していることにある。

それが「顧客価値の観点に立つ見積（＝分割見積）」を「ロードマップ」といっしょに相談者に提示することにつながる。その結果，相談者から信頼を得て，面談の場で満足行く報酬額での受任と速やかな業務遂行が実現する。

以上，「『値決め』の技を知る」をテーマに，失敗する見積（＝一括見積）と成功する見積（＝分解見積）を読み解いてみた。この章のまとめとして両者を比較した表を掲示する。ご自身の業務内容に応じた見積書を作成する際の参考にしていただきたい。

【図表15】「失敗する見積」・「成功する見積」比較表

チェック項目	失敗に陥る見積	成功を導く見積
形式	一括見積 〜業務全体で丸ごといくら，といった大雑把な形式	分解見積 〜業務の内容ごとに費用が算出されている
値決めの根拠	根拠に乏しく非論理的 ①価格（算出）の根拠が乏しい 〜主体性がない，自分（業界）本位の内容 ②非論理的 〜見積を見ても，問題解決までのストーリーがイメージできない。	根拠があり論理的 ①価格（算出）に根拠がある 〜主体性がある，顧客本位の内容 ②論理的 〜見積書を見れば，問題解決までのストーリーをイメージできる。
記載事項	最低限の事項のみしか記載されていない。	顧客価値実現のために行う業務ごとに分解して記載する。加えて，業務遂行におけるリスクを回避する事項も明記する。
提示のタイミングと仕方	①提示のタイミング 〜面談の場で提示出来ない。提示しても見積のみ。 ②提示の仕方 〜見積単独で提出（「ロードマップ」の併用なし）	①提示のタイミング 〜面談の場で提示する。 ②提示の仕方 〜「ロードマップ」とセットで提示する。
値下げ要求への対応	①値下げ要求に屈する ②根拠無き値下げをする	①値下げ要求への事前対策を練っておく 〜闇雲に値下げしない ②根拠ある値下げをする ③満足感を演出する

失敗・成功の原因	失敗を生じさせる根本的原因は，「相談者の立場で考えていない」すなわち，顧客価値を理解していないことにある。それが「自分（業界）本位の見積（＝一括見積）」を相談者に提示する（押し付ける）ことによって「切実な不安」を一層不安にさせてしまうことにつながっている。	成功の根本的原因は，「相談者の立場で考える」すなわち，顧客価値を理解していることにある。 それが「顧客価値の観点に立つ見積（＝分解見積）」を「ロードマップ」といっしょに相談者に提示することにつながる。その結果，相談者から信頼を得て，面談の場で満足行く報酬額での受任と速やかな業務遂行が実現する。

成功の「型」をつかむ

２つの「成功事例」&「Q&A31」を見る

第Ⅴ部では，今までの総復習として2つの成功事例と31のQ&Aを見る。

　この成功事例とQ&Aを脳に焼き付けることで，顧客価値に基づく行動が実務で反射的にできるようになる。その結果，受任率のアップと満足行く報酬および速やかな業務遂行が実現できる。

【図表16】第Ⅴ部の俯瞰図

第1章 2つの「成功事例」を見る

　この章では「公正証書遺言作成業務」と「入国管理業務」の2つの成功事例を7つのプロセスに沿って見る。顧客価値が実現するプロセスを注意深く読み取っていただきたい。

1-1　公正証書遺言作成業務

相談の概要　S川行政書士はパートナーのB税理士から紹介を得てA氏（65歳）の公正証書遺言作成を受任することになった。A氏はB税理士の顧問先の代表取締役である。A氏は10歳年下の妻がいる。2人の間に子どもはない。A氏の両親はA氏が7歳のころ離婚してその後母親が3人の子（A氏とA氏の2人の姉）を育て上げた。母親（90歳）と2人の姉は健在である。

相談者の顧客価値　私（＝A氏）は，昨年大腸がんを患った。幸いにも早期発見で術後の経過も良好である。実は，5年前の60歳の還暦を迎えた年に遺言を残そうと思ったが，多忙を理由についつい先延ばしして今まで来てしまった。癌になったことで，「できることは今のうちにしておこう」と思い，「共同経営者でもある妻にすべての財産を残す」という内容の遺言を残すことを決意した。そこで，顧問先のB税理士に相談したところ，「遺言に詳しい行政書士がいる」ということでS川行政書士を紹介されたのだ。

　私は，S川行政書士の氏名を検索してみた。ホームページで事務所の内容と行政書士の経歴を確認した。そこに書いてあった「遺言の目的は残すことではなく，内容を実現することです」という言葉が心に響いた。確かにそうだと思う。判例もいくつか紹介されていた。中には残した遺言が原因で"争族"になってしまうケースもあった。これでは何のために遺言を残したのかわからな

い。やはり，専門家の話を聞いた方がよさそうだ。そこで，B税理士にS川行政書士の紹介を正式に依頼した。専門家の力を借りて，できるだけ早く遺言書を残して新年を安心して迎えたいと思う。

■1 準備①（実務脳の習得）

　小学生になった頃から歴史上の人物の伝記を読むのが好きだった。つまり，人の過去を知るのが好きなのだ。そこで，遺言や相続に興味を持ち，この分野を仕事にするために行政書士試験を受験した。

　試験合格後に，まず基本書と実務書を読み込んで，依頼者に迷惑をかけない程度の知識を習得した。次に，銀行や証券会社などで開催している弁護士や税理士が講師を勤める遺言・相続セミナーに参加した。そのうえで，開業者を対象とした実務家が主催している実務講座を受講して実務のイメージを掴んだ。登録後は，行政書士会が開催する遺言・相続の研修に積極的に参加して実践力を鍛えた。

【チェックポイント】

□好きこそものの上手なれ。

□好きだから熱中できる。

□だから，専門性が習得できる。

□開業前に依頼者に迷惑をかけない程度の知識を習得する。

□開業前に専門分野の実務のイメージを掴む。

■2 アプローチ

　開業準備期間に，友人・知人に会うたびに遺言・相続について情報を提供した。すると質問を受けることもあった。その質問に答えることで，知識の深刻りができた。中には，「開業したら連絡ください。実は身内の相続で相談したいんだ。だれに相談したらよいのかわからなくて困っていたんだ」と，開業前に面談の予約を受けることもあった。また，参加した金融機関が主催する遺言・相続のセミナーの中でも，B税理士が講師を務めた相続税対策のセミナー

はとても分かりやすいものだった。そこで，開業直後に「セミナーに参加した者です」とお電話を差し上げて開業の挨拶に伺った。B税理士は快く迎えてくれた。その後，相続税の申告が必要な案件をB税理士に紹介したことをきっかけにB税理士をパートナーとしている。また，B税理士からは遺言や銀行の相続手続および専門分野の一つである建設業の案件を紹介してもらっている。

【チェックポイント】
□直接お互い顔が分かる者へアプローチする。
□士業同士でウイン・ウインの関係を構築すると継続的業務に発展しやすい

---

3 引合い

B税理士から「顧問先の会社経営者のA氏が遺言を残したいので相談にのってもらえないか」と電話が入った。B税理士によると，A氏はすべての財産を共同経営者の妻に残すことを望んでいる。そして，ご夫婦には子どもはいないとのことだ。また，多忙で約束を取りにくいとのことだ。

そこでまず，ホームページで会社の内容をチェックした。業務内容は地元を基盤とする広告代理店である。役員は代表取締役のA氏と妻の2名で従業員は3名である。A氏の多忙さが容易に想像できた。

B税理士からの電話を切った直後に，早速A氏に電話をした。すると運よく電話がつながった。B税理士から紹介を頂いたことと遺言の作成をご希望とお聞きしたことを伝えると，A氏は「なかなか手が回らなくて作成できずにズルズル来てしまっているのです」と話した。

電話口から「締め切りはいつ？」「このイラストにしよう！」などの声が聞こえてくる。どうやら打合せ中のようだ。

そこで，早速本題に入ることにした。「B税理士から『公正証書遺言の作成をご希望』とお伺いしていていますがそのとおりでよろしいですか」と質問をした。すると「自分なりに調べてみましたが自筆証書遺言よりもよいらしいのでそれ（公正証書遺言）でお願いします」と回答があった。

　そこで，「では，お忙しいでしょうから打合せの前に公正証書遺言に必要な戸籍謄本や不動産の登記簿謄本などの資料を私が役所に請求しておきたいと思いますがいかがでしょうか。戸籍謄本は遺言を執行する時のことを考えると，この機会にAさんがお生まれになってから現在までと（推定）相続人の方の戸籍謄本を収集することをお勧めします。ご依頼を頂ければ『職務上請求書』を使用して私が行います。費用はおおよそ実費込みで3万円ほどかかります。いかがでしょうか」と基礎資料の収集を提案した。すると，「ではお願いします。役所に行っている時間がないので助かります」と承諾を得た。なお，遺言書作成の際に，遺言者の出生から現在に至るまでの戸籍謄本等を収集することは，推定相続人の範囲を確認するうえでも有益である。中には，ご自身の推定相続人を見誤っている方もいるからだ。依頼者のお話しは，公的資料で確認するまで参考程度にしておかなければならない。

　次に面談の日時と場所を決めることにした。「資料が調った頃に打合せを行いたいと思います。相談料は通常9千円を頂いていますが，B先生のご紹介ということで無料とさせていただきます」と告げたところ，「ご配慮ありがとうございます。申し訳ないのですが年内（今は11月15日）に終わると助かるのですが」とリクエストがあった。私はなんとか期限に間に合うと思ったが，A氏も年末にかけて忙しさが加速するに違いない。そこで，「年末のお休みなど考えると正直な所，厳しい日程ですができる限り努力します」と返答するに止めておいた。

　アポイントの場所と日時を，当事務所で12月1日午後3時と決めた。そして，詳細は本日中にA氏にメールを差し上げるということで電話を切った。

　電話を切った後に直ちにA氏にメールを差し上げた。メールには，次の書類を添付した。そして，必要事項を記入の上，明日までに返信していただくようにメッセージを添えた。

質問事項＆用意する書類リスト

※明日（11月16日中）に返信してください。

1.　次のカッコ内をご記入のうえ，返信してください。

(1)お名前：（　　　　　　　　　）

(2)ご住所：（〒　　　　　　　　　　　　　　　　　　　）

(3)生年月日：（　　　　年　　　　月　　　　日）

(4)本籍地：（　　　　　　　　　　　　　　　　　　　）

(5)会社名：（　　　　　　　　　　　　　　）

(6)本店所在地：（　　　　　　　　　　　　　　　　　）

(7)主な財産

①金融資産（銀行名，支店名，おおよその残高）

　（　　　　　　　　　　　　　　　　　　　　　　）

②不動産（所在・地番）

　（　　　　　　　　　　　　　　　　　　　　　　）

(8)遺言の主な内容

　（　　　　　　　　　　　　　　　　　　　　　　）

2.　次の書類を打合せの際にご用意ください。

(1)印鑑登録証明書…1通

(2)通帳

(3)固定資産税の納税通知書

【チェックポイント】

□会うことを優先する。

　└面談の約束を取り付ける。

□依頼者を「信じない」

□依頼者を「動かさない」

□期限を明記する。

□相談料を提示することで相手の本気度を推し量る。

4 準備②（面談に臨む準備）

　戸籍謄本，不動産の全部事項証明書，会社の履歴事項全部証明書が調ったので「相続関係説明図」と「遺言の文案」を作成した。また，基本書と実務書を読み返して基本事項を再確認した。そのうえで，「面談シート」「ロードマップ」「見積書」および「委任契約書」を用意した。

```
【用意した資料】
□面談シート
□ロードマップ
□見積書
□委任契約書
□相続関係説明図
□遺言書の文案
```

```
【チェックポイント】
□ 「面談の場で受任する」という観点に立って準備する。
```

5 面談

　お約束のとおり，12月1日にA氏は事務所を訪れた。A氏は面談の後に打合せが控えているということなので，挨拶を交わして早速本題に入った。まず，遺言と相続について法的観点に立ち説明した。次に，遺言の目的は「残すこと」ではなく，「内容を確実に実現すること」であることを，遺言執行の手順を交えて説明した。

　「面談シート」を基に，遺言を残す動機と遺言の内容を確認した。動機と内容は引合いでB税理士からお聞きした内容と変わりなかった。そこで，用意しておいた「相続関係説明図」と「遺言書の文案」を提示してその内容を説明した。A氏は先祖の氏名が記された除籍謄本を見ると「こんなに古い戸籍を見るのは初めてです」と感慨深げだった。また文案を提示すると「もうできているのですか」と感心していた。

　文案には，万一妻が遺言者のＡ氏より死亡した場合に備えた予備的遺言と祭祀承継者および付言を記しておいた。

　Ａ氏は「確かに人の生き死にはわかりませんね。妻が先に死亡してしまうことも否定できません」と頷いて，「では，万一の場合は，私の一番上の姉の長男にすべて残すようにお願いします。実は，甥は現在私の会社の従業員で将来的に会社を継いでもらう予定です。甥も承知しています」と言った。そこで，「妻が遺言者より先に死亡した場合は，妻に相続させるとするすべての財産を甥の〇〇に遺贈する」という予備的遺言を記すことにした。また，祭祀承継者は妻を指定して，万一の場合は同様に甥を指定することにした。また，付言は「日頃なかなか面と向かって言えないので」と言って，妻として，また共同経営者としてＡ氏を長年に渡り支えてくれている妻への感謝の言葉を入れることにした。

　そして，「遺言の目的は残すことではなく内容を実現すること」の観点から，遺言執行者をまず受遺者である妻，そして私と証人になってもらうＢ税理士（40歳）の以上３名を提案した（Ｂ税理士には事前に了承を得ておいた。なお，「３名はそれぞれ単独で遺言執行を行うことができる」旨を付記しておいた）。「実際に執行する場合は，奥様が遺言執行者に就職されて，私とＢ税理士が遺言執行者である奥様から委任を受けて執行手続を行うことになると思います。奥様は法務局や税務署などの役所や銀行などの金融機関に出向く必要はあませんのでご安心ください」と伝えた。さらに，「万一，私が何らかの理由で遺言執行事務ができなくても，その時はＢ税理士が行いますのでご安心ください。ご存知のとおり，Ｂ税理士は若くて健康で，しかも相続税の申告の実績多数です」と付け加えた。するとＡ氏は「ここまで手厚くして頂ければ安心です」と言って安堵の表情を浮かべた。

　内容が決まったところで，公正証書遺言の完成までのプロセスをあらかじめ用意しておいた「ロードマップ」を提示しながら説明した。

　Ａ氏は「なるほど，今お願いすると 20 日程度で遺言書ができるのですね。それと，私は遺言書を作成する時だけ公証役場に行けばよいのですね」と私に

確認した。

　私は「そのとおりです。私が事前に公証人と打合せをしますので，Aさんは作成当日だけ公証役場に来ていただければ結構です。当日は，まず，公証人から本人確認のためにお名前，ご住所，生年月日などの質問があります。そして遺言を作成する動機をお聞きします。そのうえで公証人があらかじめ用意してある遺言書を読み上げます。読み上げた内容でよければ『この通りで結構です』と一言お答えください。最後に，Aさん，公証人，そしてB税理士と私の以上4名が署名と押印をします。公証役場で行うことは以上です。大体30分程度で終了します」と伝えた。

　A氏は「それは助かります。ところで先生，費用はおいくらかかりますか」と費用について質問をした。私は，用意してあった「見積書」に面談で得た情報を記入して公証人手数料等の経費も含めて見積書を提示した。そして，ロードマップと見積書を指し示しながら費用の説明をした。

　A氏は「遺言の文案の作成の他に，必要書類の収集や公証人との打合せ，証人の手配など一切やって頂けるのですね。これだけしていただいてこの費用でいいのですか。では，先生お願いします」と正式に依頼をいただいた。そこで，用意しておいた「委任契約書」に署名をいただいた。

　そこで，A氏に，公正証書遺言作成のロードマップを踏まえて，今月後半で公正証書遺言を作成するために公証役場に行くことが可能な日時を3つ挙げてもらった。そして，その場で証人をお願いするB税理士に電話でスケジュールを確認した。すると3つの候補日の内2つは可能であった。次に，公証役場に電話で確認したところ，その内の1日が可能であったのでその日時（12月20日，午後2時）に予約をした。加えて，1週間後（12月8日，午前11時）に公証人との面談の予約も入れた。

　なお，A氏に今後の連絡方法を確認したところ，携帯に電話もしくはメールにしてほしいとのことだった。そこで，急ぎの場合を除いてメールで連絡する

ことで了承を得た。

最後に「請求書」をＡ氏にお渡しして面談を終了した。

【提示した資料】

☐相続関係説明図

☐遺言の文案

☐ロードマップ

☐見積書（分解見積）

☐委任契約書

☐請求書

【チェックポイント】

☐「顧客価値の実現」を念頭に置いて面談を実施する。

　└→予備的遺言，祭祀承継者，付言，複数の遺言執行者の指定

☐面談で受任することを強く意識する。

☐受任後直ちに業務をスタートする。

☐トラブル防止の対策を行う。

　└→委任契約書の締結（依頼と受任の意思の確認，業務範囲の明確化等）

☐早期入金の策を施す

　└→請求書の発行

---

6 業務遂行

　Ａ氏との面談から１週間後の12月8日，Ｘ公証人と打合せを行うためにＹ公証役場に伺った。Ｘ公証人と知り合ったきっかけは，行政書士に登録をしたときに，アドバイザーのＺ行政書士からの紹介であった。

　Ｚ先生と知り会ったきっかけは，開業直後にＺ先生が講師を勤めた支部研修に参加したことであった。遺言・相続業務で迷ったときは，いつも適格なアドバイスを頂いている。また，Ｚ先生は風俗営業も専門にされているので，私に

風営法関連の仕事の話しが来たときは，Z先生をご紹介している。反対に，Z先生からは，建設業の仕事をご紹介いただいている。

　X公証人は元家庭裁判所の裁判官である。説明がわかりやすく物腰が柔らかいので依頼者はリラックスして遺言書を作成できる。また，私の疑問にも丁寧に答えてくれる。そのため，依頼者からの要望（たとえば，「家から一番近い公証役場で作成したい」など）や公証人の職域の問題（公証人法17条）に抵触しない限り，X公証人に公正証書遺言の作成をお願いしている。

　X公証人に提出した書類は次のとおり。

1．遺言者に関する書類
　(1)　印鑑登録証明書（原本）
2．遺言の内容に関する書類
　(1)　案文
　(2)　推定相続人の範囲を証する書類
　　①　戸籍謄本等（写し）
　　②　相続関係説明図
3．相続財産の範囲と評価を証する書類
　(1)　固定資産税の納税通知書（写し）
　(2)　会社および不動産の全部事項証明書（写し）
　(3)　財産目録
4．証人に関する書類
　(1)　運転免許証（写し）
　(2)　資格者証（写し）

　まず，X公証人に依頼者の意思能力は問題がないこと（民法963条），遺言を作成するに至った経緯および動機を伝えた。そのうえで「相続関係説明図」と「案文」を提示して遺言の内容を説明した。すると，X公証人は，「内容に特に問題点は見当たらないようでね」と言った。そして，3日後の12月11日に案

文と見積書をメールしてもらう約束をして打合せは終了した。所要時間は 30 分程であった。

　予定どおり，3 日後に Y 公証役場から案文と見積書が届いた。Y 公証役場から届いた案文を読み上げながらチェックした結果，誤りは見つからなかった。また，見積金額は A 氏に提示した金額より 2,000 円ほど安かった。A 氏からは面談の翌日に報酬と実費（＝公証役場に支払う手数料を含む）が振り込まれていたので，公正証書遺言作成当日に超過分を返金することにしよう。

　A 氏に提示した案文と Y 公証役場から届いた案文の内容に変更点はなかった。そこで，A 氏に「面談で打合せをしたとおりの内容ですが，念のため目を通してください。変更のご希望の有無を 2 日以内にお知らせください」とメッセージを添えて公証役場から届いた案文をメールでお届けした。すると，翌日に A 氏から「この内容のとおりで結構です」と返信が届いた。

　そこで，「では，公証役場での遺言の作成は予定どおり 12 月 20 日，午後 2 時から Y 公証役場で行います。作成開始 10 分前に Y 公証役場にお越しください。証人を務める B 税理士とお待ちしています。当日は『実印』だけお持ちいただければ結構です。なお，当日の連絡は私の携帯（090-1234-5678）にお電話ください」と返信した。

　すると A 氏から直ぐに「承知いたしました」と返信が届いた。そこで，Y 公証役場に案文のとおりで確定したことおよび作成日時の変更はないことをメールした。また，証人をお願いした B 税理士にも「公証役場での遺言の作成は予定通り 12 月 20 日，2 時から Y 公証役場で行いますので開始 15 分前に公証役場にお越しください。なお，『職印』と身分証明書（運転免許証，資格者証）をお持ちください」とメールしたうえで，念のため電話でもお知らせした。

　公正証書遺言の作成当日，作成開始時刻の 30 分前に公証役場に到着した。するとその直後に B 税理士が到着した。最後に A 氏が予定通り開始 10 分前に到着して全員が揃った。A 氏は心なしか緊張しているようだ。私は，「面談でお

話した通りに進むのでご安心ください」と伝えた。A氏は「先生がいてくれるので心強いです。でも，生まれて初めてのことですから正直なところ緊張しますね」と答えた。

　秘書に別室に案内されると直ぐにX公証人が入室した。私はA氏とB税理士をX公証人に紹介した。X公証人はいつもどおりにこやかな表情で「はじめまして，公証人のXです。既にS川先生から遺言の内容をお聞きしていますので，本日はその内容をご確認頂きます。その内容でよろしければご署名と押印を頂きます」と説明があった。

　続いて「お名前とご住所，ご職業をお聞かせください」とA氏に質問した。A氏が答えると，X公証人はA氏に遺言を作成する理由を尋ねた。A氏は「私たち夫婦には子どもがおりません。それに妻は私が経営している会社のパートナーでもあります。私が死亡した時に妻にすべての遺産が引き継がれないと生活はもちろんですが会社経営にも支障を来してしまうのです。そのためにも，相続は問題なく行わなくてはならないのです。また，将来は甥に会社を継いでもらうことになっています。そこで，S川先生からのご助言もあって，万一妻が私より先に亡くなってしまったら，財産は甥に残すことにしました。」と答えた。

　X公証人は，「わかりました。おっしゃるとおりAさんは遺言書を残された方がよろしいですね。では，これから私が遺言書を読み上げます。もし，ご質問や内容を訂正したいときは遠慮なくおっしゃってください。では，始めます」と言って説明を交えながらゆっくりと読み始めた。そして私とB税理士は公正証書遺言の作成の過程を一部始終見守った。

　一通り読み終わるとX公証人はA氏に「いかがでしょうか。この内容でよろしいですか」と最終確認をした。A氏は「はい。この内容で結構です」とはっきりと答えた。X公証人は，「では，これからこの遺言が正式に成立した証しとしてAさん，証人のお二人の先生，そして私の以上4名がこの遺言書に署名押印をします」と言ってA氏に読み上げていた公正証書遺言を差し出した。A氏

が署名押印した後，私，B税理士そして最後にX公証人の順で署名押印をした。

　X公証人は「署名押印して頂いた遺言は『原本』としてこの公証役場の書庫にAさんが120歳になるまでお預かりします。本日は『正本』と『謄本』をお渡しします。保管の方法などはS川先生とご相談ください。では，以上で終了です。お疲れ様でした」と言って退出した。入れ替わりに秘書が現れてA氏に「正本」と「謄本」および請求書を交付した。費用は預り金の中から私が支払った。

　秘書が退出した後に，A氏に「お疲れ様でした」と声を掛けた。A氏からは「おかげさまで永年の懸案事項が片付きました。スッキリした気分で新年を迎えることができます。妻も安心すると思います。本当にありがとうございました」と感謝の言葉を頂いた。

　私は，「Aさんのご協力のおかげで予定どおり業務が完了しました。ありがとうございました」と伝えた。そして，「面談でお伝えしたとおり，『遺言の目的は残すことではなく内容を実現すること』です。そこで，遺言書の保管ですが，正本と謄本は遺言執行者である奥様が保管するのがよろしいと思います。いかがでしょうか」と伝えると，A氏は「わかりました。そうします」と提案を受け入れてくれた。続いて，「では，本日は（公正証書遺言の）謄本をお預かりして写しを取らせて頂きます。謄本は収集した戸籍謄本や不動産の登記簿謄本，作成した相続関係説明図，財産目録，そして万一の場合の連絡先として私とB税理士の名刺といっしょに書留でご自宅に1週間以内にご郵送します。正本は本日お持ち帰りください」と伝えてA氏に正本と精算金（明細付き）を渡した。

　そして，今後のフォローとして，「差し支えなければ年賀状や暑中見舞いなど季節の便りをお届けしてもよろしいでしょうか」と申し出たところ，「もちろん結構です。そうして頂けると心強いです」とA氏は快諾した。

　最後に別れの挨拶を交わして業務は完了した。

【チェックポイント】

□依頼者を動かさない。

□依頼者を放置しない。

□アフターフォローを提案する。

7 アフターフォロー

　A氏には毎年年賀状と暑中見舞いを交わしている。そして，A氏の紹介でA氏の妻の父親が死亡した際の相続手続の業務を受任した。

【チェックポイント】

□継続的なアプローチによって「いざ！」という時に真っ先に思い出してもらえる存在になるために「脳のSEO対策」を施す。

1-2　入国管理業務

　相談の概要　S川行政書士は，海外から初めて外国人エンジニアを採用することになったB社から在留資格認定証明書交付申請の依頼を受けた。

　相談者の顧客価値　当社（＝B社）は，業績は好調だが，知名度はまだ低い。そのため人材確保に苦戦している。そこで，人材紹介業のA社主催の外国人採用セミナーに参加したところ，ベトナムには日本で就労を希望している優秀なエンジニアが多数いることを知った。しかし，当社は外国人社員を受け入れた実績がない。そこで，外国人エンジニアを速やかに招へいするために，セミナーで講師を勤めていたS川行政書士に出入国在留管理局への申請を依頼することにした。

1 準備① (実務脳の習得)

　私は学生時代にボランティアで，日本の生活に不慣れな外国人のサポートを行っていた。また，大学卒業後，外資系企業に就職して人事部に配属された。そこで，外国人が日本で就労するためには様々な手続きが必要なことを知った。学生時代のボランティアと就職後の経験が動機となって，日本と外国の架け橋になりたいと思い，在留資格の出入国在留管理局（以下「在留管理局」という）への取次をはじめとして，外国人と係わる業務を行うことができる行政書士の資格を得るため，行政書士試験を受験して合格した。

　合格後は基本書を読み返して入管法のアウトラインをつかんだ。そのうえで出入国在留管理庁（以下「在留管理庁」という）のホームページをプリントアウトして，入管六法で条文を当たりながら読み込んだ。合格から２年後に開業してからは，行政書士会が主催する研修会に参加して実務の感覚を養った。受任した際は，不明な点は入管業務に詳しい行政書士（＝アドバイザー）に相談したり，在留管理庁の事前相談を活用して経験知を深めていった。

【チェックポイント】

□自分の「好き」を仕事にする手段として行政書士の資格を活用する。

□論理的思考を修得する。

□業務を俯瞰できる能力を修得する。

---

2 アプローチ

　業績は好調だが，知名度等の理由で人材確保に苦戦している中小企業は多数ある。一方，日本で就労を希望する優秀な外国人は大勢いる。そこで，人材紹介業等の人材関連のビジネスを展開している数社にアプローチしたところ，Ａ社とタイアップして外国人採用のセミナーを行うことが決定した。

　Ａ社はベトナムの大学と友好な関係を構築しており，毎年ベトナムの一流大学卒のエンジニアを日本の企業に紹介している。しかし，在留資格の許可を不安視して採用に躊躇する企業が意外と多いために実績が伸び悩んでいたのだ。そこで，「外国人エンジニアの採用戦略」をテーマに，Ａ社が「ベトナム人大卒

エンジニアの採用戦略」を，私が「外国人採用の手続き」をそれぞれテーマにして合同でセミナーを行うことにしたのだ。

　セミナーにはＡ社のクライアント 20 社とＡ社のホームページから応募してきた5社の合計 25 社の中小企業の人事担当者総勢 30 名が参加した。どの企業も人材獲得に苦戦しているようで活発な質疑応答がなされた。中には，在留資格許可のスケジュールや申請書作成の注意事項といった，かなり具体的な質問もあった。

【チェックポイント】
□ターゲット顧客について考え抜く。
□ターゲット顧客に声を届ける有効手段を考え，実行する。

---

3 引合い

　セミナー終了後の懇親会でＢ社の人事課長のＣ課長と名刺交換をした。Ｃ課長は，「本日のセミナーで優秀な人材がベトナムにいることがよくわかりました。当社としてはＡ社にベトナム人エンジニアの紹介を依頼するつもりです。採用したときには先生に入管の申請手続をご相談しますので，よろしくお願いします」とアプローチを受けた。私は「優秀な人材の採用をお祈りいたします。ご依頼を頂いた際は，速やかに最善の結果が得られるように務めます」と伝えてその場を後にした。そして，セミナーから1週間後に，Ｃ課長に外国人雇用のポイントをまとめた資料を郵送した。それに対して，Ｃ課長から感謝のメールが届いた。

　セミナーを開催してから2か月が過ぎたころ，Ｃ課長から，「Ａ社の紹介で3名のベトナム人エンジニアに内定を出しました。今後の手続きについてご相談をしたいと思います。ご都合いかがですか」とメールが届いた。そこで，Ｃ課長と最短で会える2日後の午後3時にＢ社で面談を行うお約束をした。また，事前に内定者の経歴書を送ってもらうようにお願いした。面談前に内定者の学歴・職歴がわかれば，申請のポイントがある程度わかるので面談を効率よく行

うことができるからだ。

　なお，相談料は「出張相談の場合は，通常 1 回に付き 1 万円を頂いていますが，A 社のセミナーにご参加頂いたので今回は無料とさせて頂きます」と伝えた。それに対して C 課長から感謝のメールが頂いた。

【チェックポイント】

□脳の SEO 対策として，セミナー開催後にアクションを起こす。

□引合いが来たらできるだけ早く面談を行う。

□無料相談をする場合は，その理由を伝える。

---

４ 準備②（面談の準備）

　面談に臨むにあたり，まず入管法の基本書を一通り読み返した。さらに，「資格該当性」「基準適合性」「相当性」の 3 つについては在留管理庁のホームページと入管六法で再確認した。

　C 課長は現在，新卒者の採用活動で多忙な毎日を過ごしている。そのため，面談は 90 分間頂いているが，可能な限り短時間で済ませたい。そこで，ホームページで会社の内容をチェックするなどして面談が効率よく進むように情報収集した。また，手続きの要点をまとめた「外国人採用のポイント」というレジュメと面談で確認する内容をまとめた「面談シート」を作成した。

　面談当日に受任するには相談者に「この者なら当社が抱えている先の見えない切実な悩みを速やかに解決してくれる」と確信できるパフォーマンスを提供しなければならない。さらに，相談者が納得して，しかも私が満足行く報酬を提示することも重要である。なぜなら，「この者に依頼したい」と思っても費用がわからなければ依頼のしようがないからだ。そのため，「ロードマップ」と「見積書」（分解見積）そして，「委任契約書」も用意した。

【用意した資料】

□レジュメ（「外国人採用のポイント」）

□面談シート

□ロードマップ

□見積書（分解見積）

□委任契約書

【チェックポイント】

□面談をイメージして準備する。

□「面談で受任する」という強い意識で準備する。

□面談の場で報酬を提示できるように準備する。

---

5 面談

　面談当日を迎えた。初めての訪問のため1時間前に会社に到着して場所の確認をした。そして近くのスターバックスで内定者の経歴書とB社の資料に目を通して面談の進行をイメージした。約束の10分前に1階ロビーで受付を済ませると人事部がある5階のミーティングルームに案内された。到着したのは約束の5分前であった。すると3時丁度にC課長が登場した。そして，再会の挨拶と時間を頂いた感謝を伝え早速本題に入った。

　「御社は，初めて外国人を採用されるということなので，まずこの資料（「外国人採用のポイント」）を基に外国人雇用で押さえておきたい知識と入社までのスケジュールについてご説明します。そのうえで今回内定を出した3名のベトナム人の手続きについて具体的にお話します」と伝えた。C課長は「おっしゃるとおり当社は外国人採用の実績がありません。セミナーで大体のことは理解したつもりですが，具体的なイメージがつかめないというのが正直なとこです。ぜひ教えてください」とノートとペンを取り出した。そこで在留資格，在留資格の許可要件そして入国までのスケジュールを中心に20分ほど話した。

　C課長から「在留管理局に申請してから在留資格認定証明書（以下「認定証明書」という）が交付されるまで３か月もかかる場合があるのですか」と質問が出た。私は「在留管理庁はホームページで標準処理期間を１〜３か月と公表しています。ただし，今回内定を出した３名は技術系の大学でプログラミングに関する知識を修得していますからおそらく２か月以内で結果が判明すると思います。できる限り早く最良の結果を得られるように務めさせていただきます」と答えるに止めた。実は，私は１か月程度で判明すると見込んでいるのだが，過去に想定を上回る日数を要したことがあったので相談者には一定の余裕を見込んで伝えるようにしている。もし，見込を上回る日数を要してしまったら人事政策に影響を及ぼしてしまったり内定者の住居を早めに借りてしまうなど無駄な経費が発生してしまうおそれがあるからだ。

　申請に必要な知識を共有したところで，本題に入った。まず内定者の職務内容をヒアリングした。予想どおり，システムエンジニアとしての職務内容であった。したがって，内定者の職務内容は在留資格「技術・人文知識・国際業務」の在留資格の活動内容に該当している（「資格該当性」の確認）。

　次に，内定者は工学部と理学部でプログラミングに関する知識を取得している。したがって，「技術・人文知識・国際業務」の在留資格の基準に適合している（「基準適合性」の確認）。

　そして，今回Ｂ社が外国人を採用する理由を尋ねると，「当社の業績は現段階では好調です。受注も堅調に増えていて当面この状況は続くと見込んでいます。そのためエンジニアの増員は必須です。さらなる成長のためには優秀なエンジニアの確保が必要なのです。そこで，国内外に広く人材を募った結果，３名のベトナム人エンジニアの採用を決定しました」と回答を得た。採用理由に相当性があると判断できる（「相当性」の確認）。なお，全員ビジネスレベルの英語能力があり，３名が配属される部門のリーダーは英語が堪能なため，入社後のコミュニケーションは問題ないとのことである。

　以上から，私は在留資格認定証明書の交付の条件とされる「資格該当性」「基準適合性」「相当性」の３つの要件をすべて満たしていると判断した。

　そこで，「内定者の経歴，職務内容そして採用理由をお聞きした限り，認定証明書が交付される見込みはあると考えます。ただし，認定証明書の交付は『必ず』ということはありません。あらかじめご了承ください」と伝えた。

　C課長は「承知いたしました。ところで先生に依頼するとなると費用はどのくらいかかりますか」と質問を受けた。そこで私は用意してあった「ロードマップ」と「見積書」（分解見積）の2つの書類を並べて業務の手順に則って「何にどの程度の労力と時間を要して，その結果いくらかかるのか」を説明した。それを聞いてC課長は「なるほど，手間がかかりますね。相談から書類作成，それに在留管理局への申請の取次まで行って頂けるのですからこの程度の費用は妥当だと思います。では，先生にお任せします。よろしくお願いします」と言って依頼をした。私は，「ありがとうございます。では，委任契約書と請求書をご郵送いたします。委任契約書は内容に問題がなければ押印の上ご返送ください」と伝えた。続けて，「御社と内定者にそれぞれご用意いただく書類は明日中にメールでご案内します」と案内した。以上で面談は滞りなく終了した。準備が功を奏して面談で受任して満足行く行く報酬を得ることができた。後は，依頼者にできるだけ早く認定証明書をお届けできるように業務を速やかに遂行するのみだ。

　面談終了後，直ちに事務所に戻った。そして，「請求書」と「委任契約書」（返信用・依頼者控えの計2通）を作成し，返信用封筒も同封してC課長宛てに郵送した。そして，投函から3日後に押印された委任契約書が到着した。

【提示した資料】

□レジュメ（「外国人採用のポイント」）

□見積書（分解見積）

□ロードマップ

【チェックポイント】

□「面談の場で受任する」という意識で臨む。

□約束の10分前に受付をする（5分前にミーティングルームに到着する）。

□相談者と業務遂行に必要な知識を共有する。

　┗→速やかな業務遂行の基盤になる

□「見積書」を提示する際は，「ロードマップ」も合わせて提示する。

□「請求書」を直ちに発行する。

□受任の証しとして「委任契約」を締結する。

---

6 業務遂行

　面談の翌日に，B社と内定者のそれぞれに提出してもらう文書（＝「必要書類リスト」）と質問・確認事項をまとめた文書（＝「質問リスト」）を作成してC課長にメールした。

　送信から3日後に「会社が用意する書類」が，20日後に「内定者が用意する書類」がC課長から送られてきた。

　また，会社および内定者の「質問リスト」の回答は，送信から5日後に返信が届いた。そして，届いた資料と回答を基に申請書（「在留資格認定証明書交付申請書」）と添付書類（「申請理由書」「職務内容説明書」および「雇用契約書」）を作成した。

　そしてC課長に「申請書が一通りできたので内容をご説明に伺いたい」と電話を入れた。するとタイミングよく翌日の午後3時にアポイントを取ることができた。

　翌日約束の時間に伺い，申請書類の説明を行った。内容の訂正がなかったので署名押印のうえ3日以内に返送してもらう約束をした。返信には用意しておいたレターパック（「送り主」と「送り先」を書いたもの）を使用してもらうよう

にした。なお，レターパックの「問い合せ番号」は，書類の"動き"（発送の有無）がわかるように控えておいた。

　約束のとおり，3日後に署名押印された申請書が届いた。最終確認をしたところ誤記はなかったので翌日在留管理局に申請を取次いだ。受任から約1か月後に申請することができた。そして，事務所に戻って申請書の写しを在留管理庁から発行された「受付票」と共に，C課長宛てに郵送した。

　申請からちょうど1か月後に，在留管理局から認定証明書が届いた。在留期間は3年であった。初めて外国人を受け入れることを勘案すればまずますの結果である。早速C課長にアポイントを取り付けて翌日に認定証明書をお届けした。C課長からは「おかげさまで初めての外国人社員の受け入れでしたがスムーズに手続きができました。本当にありがとうございました」と感謝の言葉を頂いた。この仕事をしていてよかったと思う瞬間である。さらに，「今回の結果を受けて，来年度も外国人エンジニアの採用を継続する予定です。その際はまたよろしくお願いします」と引合いをいただいた。私は「この度はご協力ありがとうございました。こちらこそ今後ともよろしくお願いします」と感謝の言葉を残してB社を後にした。

【提示した書類】
□必要書類リスト（招へい機関および申請人）
□質問リスト（招へい機関および申請人）
□申請書

【チェックポイント】
□担当者の手間を可能な限り省くように務める。
□スピードを重視する。

7 アフターフォロー

　C 課長には暑中見舞いと年賀状を送っている。また，入管法の改正など外国人雇用に関する情報をメールで逐一ご案内している。

　B 社に入社したベトナム人エンジニアの評価は高く，B 社は翌年度にベトナム人エンジニアを採用 5 名採用した。認定証明書の申請手続はもちろん私が受任した。現在 B 社とは顧問契約を締結し，在留管理局へ申請する書類の作成，相談および取次を継続的に受任するに至っている。

【チェックポイント】

□依頼者をリピーターに変える観点に立つ。

□脳の SEO 対策を施す。

第2章 「Q&A31」を見る

本書の復習として31のQ&Aを7つのプロセスに沿って用意した。この Q&Aは一貫して「顧客価値の実現」の観点に立って作成されている。前掲の2 つの成功事例と同様に、読み込むことで顧客価値に基づく思考と行動が反射的 にできるようになる。その結果、受任率アップと満足行く報酬、並びに速やか な業務遂行を実現することができるようになる。

2-1 準備①（実務脳の習得）

準備①では、何を専門分野にするのかを決めることがポイントになる。な お、「専門分野を持つべきか」という議論を時折耳にするが、そもそも相談者 は行政書士に専門性を求めている。また、専門性といえるレベルの知識がなけ ればセミプロ化した相談者を面談の場で魅了できない。したがって、「さすが 専門家！」と相談者から思われる一定のレベルの知識を習得していなければ、 「低い受任率」と受任できたとしても「不本意な報酬」に甘んじることになる。

Q1 専門分野を決める基準

行政書士の業務範囲は広範です。そのため、専門分野の選定に悩んでいま す。専門分野はどのように決めればよいでしょうか。

A

自分の「好き」を基準に決める。「好きこそものの上手なれ」という諺のとお り、好きなことに関連する分野であれば、自然と熱中できる。その結果、顧客 価値を実現できるレベルの実務脳を比較的短期間で習得できる。

　一方，「需要が高い」「儲かりそう」といった「環境要因」を基準に決めてしまうと専門の領域までたどり着くのは至難の業である。当然，顧客価値を実現することは難しい。結果的に本書で紹介した「負のスパイラル」に陥る危険性が高くなる（P106「第Ⅱ部5-3」参照）。

　しかし，「好きなこと」を自分で探すのは案外難しいのも事実である。その場合は，まずは好きの裏返しの「嫌いなこと」を考えてみる。「好き」と比べると「嫌い」は比較的すんなりと挙げられるはずだ。

　「嫌い」なことはやってはいけない。嫌いなことはふつう身が入らないし，そのような状態では専門知識の習得は困難だからだ。そのような状態で，相談者や依頼者に不出来なサービスを提供すれば，業務遅滞などを引き起こして迷惑をかける危険性はぐっと高くなる。これは，「国民の利便性に資する」ことが使命である国家資格者として絶対にやってはいけないことである。

【ここがポイント】

　「好き」を軸にして取扱い分野を決める。「嫌い」なことはやってはいけない（P79「第Ⅱ部2-1」参照）。

2-2　アプローチ

　アプローチは，ターゲット顧客に自分を「いざ！」という時に真っ先に頭に浮かぶ存在にするための対策（＝「脳のSEO対策」）を講じる場である。効果的なアプローチを筆者の経験も踏まえてQ&Aで確認する。

Q2　新規開拓を実現する3つのサイクル

　建設業の業務に関心があります。そこで，一定レベルの実務脳が習得できたので，リストアップした建設業者に挨拶回りをしました。しかし，「ウチには頼んでいる先生がいるから」と断られてしまいます。新規に顧客を開拓する有効

な手段はあるでしょうか。

A

　突然現れて「行政書士の○○です。更新許可があればよろしくお願いいたします！」と言われても忙しく仕事をしている相手にとっては迷惑な話である。このようなアプローチは相手のことを考えていない「自分本位」の方法と言われても仕方ない。

　訪問する前に，ターゲット顧客の顧客価値をトコトン考え抜くこと。そうすると「すべきこと」が浮かび上がるはずだ。たとえば，建設業の会社に飛込営業をするとする。ふつうは断られる。

　その時に「お忙しいところ申し訳ございませんでした。これは当事務で作成した『建設業の行政手続』のリストです。よろしければご参考にしてください」と一言添えて更新や変更許可申請が必要な場面のリーフレットを渡してみる。

　続けて，「当事務は，建設業の許認可の最新情報を無料で配信しています。よろしければメールをお送りしてもよろしいでしょうか」とか，「(私の) 名刺のQRコードにアクセスしてみてください。最新の情報がご覧いただけます」と提案してみる。相手にとって無料で最新情報を入手できるのだから「いいですよ」と受け入れる可能性は高い。承諾を得ることができれば，「継続的な関係」を築くことで「いざ！」という時に真っ先に思い出してもらえる存在になれる確率が高くなる。つまり，「脳のSEO対策」になるのだ。

　このように，まずターゲット顧客の「顧客価値」を考え抜く。次に，「顧客価値」を実現する具体的な方策を編み出す。そして行動，つまり「脳のSEO対策」を実行する。この3つのサイクルを循環させることで，既存の行政書士を上回る質の高い法務サービスの提供が可能となる。その結果，新規開拓の成功率が高くなる。

【図表 17】新規開拓を実現する 3 つのサイクル

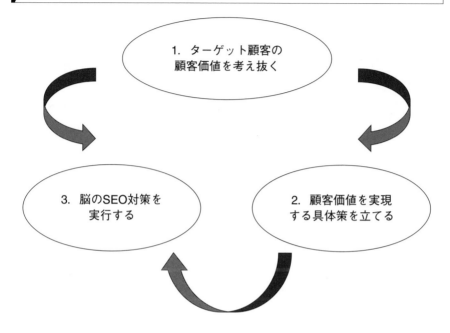

【ここがポイント】

　「新規開拓をしたい」という自分本位の考えに基づく行動は相手にとって迷惑なだけ。まずは,「顧客価値」をトコトン考え抜くことから始めること。

Q3　開業の挨拶を受任につなげる方法

開業の挨拶を受任につなげるよい方法があれば教えてください。

A

　友人・知人,親戚,前職の関係者など,「顔がわかる人」に挨拶状を送る。その際,「行政書士は許認可のスペシャリストです」といったような「行政書士は何ができる」ではなく,例えば,「私は,相続財産を速やかにご遺族に承継す

る法務サービスをご提供します」「私は，外国人の雇用を希望する企業に在留資格取得のサポートを提供できます」といったように，「自分は『だれ』に『何』を提供できる」という内容を明記すること。なお，挨拶状に取扱い業務を明記する前提条件として，記載した業務について一定以上の知識（＝実務脳）を習得しておくことは言うまでもない。

さらに，「ありがとうセミナー」と称してお世話になった方へ開業できた感謝の意を込めてセミナーの案内状を同封する。テーマは「遺言・相続」などの多くの人の関心が高いものがよい。セミナー開催を目指して開業前の「実務脳」習得の励みにもなるし，自分の業務のPRにもなる。ちなみに，私の開業準備ゼミに参加した方の中には，「ありがとうセミナー」で開業早々に遺言作成の依頼を2件受任した方もいる。

【ここがポイント】

「行政書士」ではなく，「自分」が行政書士という資格を活用して提供できるサービスを挨拶状に明記する。「ありがとうセミナー」は実務脳のアップとアプローチの両方に効果的である。

Q4 開業挨拶状，名刺，レジュメ

開業挨拶状，名刺，セミナーのレジュメで「これはしといてよかった」ということがあれば教えてください。

A

ターゲット顧客，相談者，依頼者に配布する名刺，パンフレット，セミナーのレジュメなどには，ホームページやブログのQRコードを入れておく。

たとえば，セミナーの冒頭でレジュメを配布した時に，参加者に「セミナーが始まるまでにまだ時間があるので，レジュメのQRコードを読み取ってみてください」と伝えてみる。すると，ほとんどの者はスマートホンでQRコード

を読み取り始める。そして，「頻繁に更新していますので，ぜひ登録してください」と続けるとたいてい登録をしてくれる。そのことで，相手と継続的な関係を築くきっかけを作ることができる。

【ここがポイント】

　QRコードを活用して，顧客と継続的な関係を構築する。

Q5　アプローチ先

引合いにつなげるには，どこにアプローチをしたら効果的でしょうか。

A

　まずは，「いざ！」というときに真っ先に思い浮かぶ存在になること。そのために次の3つのチャネルへのアプローチが効果的である。以下，遺言・相続業務を例に説明する。

①　チャネル1〜友人・知人ルート

　年賀状，暑中見舞いなどを活用して定期的かつ継続的にアナウンスする。会った時には「いつ・どこセミナー」を開催する。

②　チャネル2〜遺言・相続発生エリアへPR

　配達地域指定郵便（タウンプラス），郵便局の広告等を活用して，遺言・相続業務の発生が見込めるエリアへPRする。

③　チャネル3〜他士業ルート

　知り合いや事務所の近隣の税理士，社会保険労務士等の他士業に遺言・相続業務を行っていることをアピールする。顧問先で遺言・相続に関する業務が発生した場合に引き合いが来ることが期待できる。

どの業務でも，まずはターゲット顧客のことをトコトン考え抜く。そのうえで，ターゲット顧客に直接的（チャネル１・２）および間接的（チャネル３）に自分の存在を届くように働きかけるのである。

この「直接」「間接」の視点に立って考えることが，視野を広げることにつながって的を射たアプローチを可能にする。その結果，引合いにつながる確率が高くなるのである。

【ここがポイント】

　まず，ターゲット顧客のことをトコトン考え抜く。そのうえで，ターゲット顧客に直接的・間接的の両チャネルからアプローチを試みる。

Q6 受任できるセミナーの６つの技

　遺言のセミナーを開催してもなかなか受任に至りません。セミナーで受任率を上げる秘訣を教えてください。

A

　遺言のセミナーを例に受任につなげる６つの技を紹介する。この６つの技は，あらゆる分野のセミナーにも応用できる。ぜひ試して自分なりの"勝ちパターン"を構築してほしい。

① 当たり前のことは軽く流す

　受講者は勉強熱心で「セミプロ化」している。遺言の作成方法等の基本的なことはたいてい知っている。「知っていること」を長々と聞かされると飽きられてしまう。

　冒頭に，「実は，法律のとおりに残しても，遺言の内容が実現できないことがあります」と言って予備的遺言を紹介するなど，一般市民には考えが及

ばない実務家ならではの話題を披露して自分に注意を向けさせる。

② 勧めない（突き放す）

「遺言をぜひ残しましょう！」と連呼すると，参加者は心の中で「そんなことわかっていますよ」と思って鬱陶しく感じてしまう。「遺言を残すのも残さないのも皆さんの自由です。ただし，残した方には相当のご褒美が待っています」といったように軽く突き放す程度がよい。そうすると，少し不安になって「やっぱり残した方がよいのかな…」と前向きに考えるようになる。

③ 判断材料を与える

セミナー参加者の多くは，残すつもりはあるけど踏ん切りが付かなくて「いつかは残さないといけないな…」「でもまだいいかな」と堂々巡りをしている。

結局，遺言は「残す」「残さない」の二者選択である。遺言を「残せばこうなる」「残さないとこうなる」といったように二者選択形式で事実を客観的に伝えてみることで，「残す」「残さない」の最終判断材料を与えてみる。

④ 「遺言の目的は，残すことではなく内容を実現すること」を認識するように導く

受遺者が遺言者より先に死亡した場合に備えた「予備的遺言」，遺言執行者が就職困難な状況に陥った場合に備えた複数の「遺言執行者の指定」等を紹介することで，「遺言の目的は残すことではなく，内容を実現すること」であることを強調する。そのことによって，遺言を残すには工夫が必要であり，そのためには「プロに任せた方が安心」と自ずと気付くようになる。

⑤ 真剣度を試すために有料にする

すべてのセミナーにいえることだが，無料にしてしまうと「冷やかし」程度の人も入り込んできてしまう。ワンコイン（500円）でも構わないので有料にすることが望ましい。そうすると，「遺言を残す」意識の高い人が集

まってくる。また、講師も「有料」とすることで緊張感が高まる。このように、有料化は受講者と講師の双方にとって「ほど良い緊張感」をもたらす。なお、有料にすることに抵抗感がある場合は、費用の名目を「資料代」とする。また、飲み物等を提供すれば、実質無料とほとんど変わらなくなる。

⑥ 熱心に聞いている人に語りかける

参加者の中に特に熱心に聞いている人を見つけて、その人に語りかけるように話す。すると、テンションが上がって気持ちよく話せるようになる。そうなると、全体の雰囲気が活気づいてくる。

【ここがポイント】

参観者であるターゲット顧客のことをトコトン考えて企画を練る。そのうえで「さすが専門家！」と参加者を唸らせる技を繰り出して参加者を引合いのステージに導く。

2-3 引合い

引合いは、ターゲット顧客から相談のオファー（＝申込み）を受ける場である。引合いの役割は、相談希望者を面談のステージに引き上げることである。引合いの役割を果たすためのポイントをQ&Aで確認する。

Q7 受任するために引合いで注意すること

受任するために、引合いの段階で気を付けておくことを教えてください。

A

相談希望者は、「今、自分が抱えている先の見えない切実な不安を、できるだけ早く解消したい」と切に願っている。その願いに応えるためには早く会う

ことが重要である。なぜなら，面談が早ければ早いほど早期の問題解決に直結するからである。

　したがって，引合いの最大の目的は，相談希望者とできる限り早い日程での面談の約束を取り付けることである。このことを意識して相談希望者に対応すること。

　たとえば，引合いの段階では，面談で用意してもらう書類は，「もし，『手元にあれば』ということで結構です」と前置きをして必要最低限のものを伝えるに止める。

　引合いの段階で数多くの書類を要求してしまうと，相談希望者が，「面談するにはたくさんの書類を集めないといけない」とプレッシャーを感じてしまうおそれがある。また，書類の収集に時間を要してしまって，面談まで日数を要してしまうこともある。最悪の場合，面倒になって，「他の専門家に相談しよう」と気が変わってしまうこともある。

【ここがポイント】

　引合いの目的はできる限り早い日程で面談につなげることである。面談の実施が早ければ早いほど問題解結に要する時間を短縮できる。

Q8　相談料

　「無料相談」を掲げる事務所をよく見かけます。ただ，面談の準備に平均2時間ほど要しています。面談が1時間とすると，受任できなかった場合は3時間をタダ働きしたことになってしまいます。それでも他の事務所と同じように相談料を無料にすべきでしょうか。

「原則」請求すべきと考える。

　相談料を提示することで相談希望者が抱えている悩みの「切実度」を計ることができるからだ（切実度が高い程，受任率は高くなる）。

　たとえば，相談希望者に対して「面談は 3,000 円頂いています」と告げたとしよう。聞いた途端に「有料ですか。では，改めてお電話します」（ふつう，改めて電話はこない）と言ったとしたら，その者の悩みはたいてい深くない。したがって，たとえ面談で相談者に質の高いパフォーマンスを提供しても受任できる可能性は低いと考えてよい。なお，ここでのポイントは，「請求すること」であって「金額」ではない。

　筆者の経験上，相談料を請求した方が無料と比べて受任率は格段に高い。その原因は，有料にすることで，相談者と行政書士の間に生じる緊張感によると推測する。

　なお，例外として無料相談にする基準としては，高い確率で受任が見込める次のような次のケースが考えられる。
・信頼が置ける者からの紹介がある場合
・リピーター（＝以前受任した者）からの相談の場合

【ここがポイント】
　アプローチの段階で相談料を提示することで，相談希望者が抱えている「悩みの切実度」を計ることができる。

2-4　準備②（面談に臨む準備）

　準備②は，引合いで収集した相談希望者からの情報に基づいて面談を効果的に行うための準備を行い，面談の場で受任する体制を整える場である。
　「高い受任率」と「満足行く報酬」を実現する山場である面談を成功させるために，「準備②」ですべきことを確認する。

Q9　面談までの準備

　面談の日時と場所が決まりました。受任するために面談実施日までに何を行えばよいでしょうか。

A

「顧客価値の実現」の観点に立ち準備を整える。まず，「今抱えている先が見えない切実なレベルの悩みを速やかに解消する」ために，面談で相談者に何を提供すればよいかを考え抜いてみる。すると，面談までに準備すべきことが自ずと浮かんでくる。具体的には次のようなことが考えられる。

① 面談をスムーズに行うための準備
- ・　基本事項を確認する（関係法令，許可基準，判例等）
- ・　「面談シート」をカスタマイズする
- ・　「ロードマップ」の作成

② 満足行く報酬を得るための準備
- ・　「見積書」（分解見積）の作成

③ 業務を迅速に遂行するための準備
- ・　「必要書類リスト」の作成
- ・　「委任状」の作成

④ 依頼者とのトラブルを防止するための準備
- ・　「委任契約書」の作成

⑤ イメージトレーニング
- ・　面談開始から受任までを繰り返しイメージする。

　以上のような準備を調えれば，自信を持って面談に臨むことができる。その自信が，「相談者を魅了するパフォーマンス」を実現する。そして，相談者から信頼を得ることができる。その結果，面談の場での受任と満足行く報酬を実現することができる。

【ここがポイント】
　顧客価値の実現の観点に立った周到な準備が相談者を魅了するパフォーマンスを生み，高い受任率と満足行く報酬を実現する。

2-5　面談

　面談は，相談者との実質的なファーストコンタクトの場である。そして，「相談者」を「依頼者」に変えることができるかできないかが決まる場でもある。
　このように面談は成功，すなわち「高い受任率」と「満足行く報酬」を実現するという観点から「7つのプロセス」の中で最も重要なプロセスといえる。以下，面談の心得と技をQ&Aで確認する。

Q10　満足行く報酬で受任する技

満足行く報酬で受任するために面談で行う技を教えてください。

A

「顧客価値の実現」の観点に立ち，次のように問題解決までの見通しとそれに係る費用を提示することを実行する。

①　業務の流れに沿って説明する

　業務の流れに沿って説明する。すると相談者は問題解決までのプロセスをイメージ出来るので「このような段階を踏めば『今，自分が抱えている先の

見えない切実な悩み』が解決できる」とわかって気持ちが前向きになる。さらに，説明をしながら問題解決までの道筋（＝ロードマップ）を用紙やホワイトボードに描いて見せる。このように視覚に訴えることで，相談者はより具体的に問題を解決できることが実感できるようになる。その結果，「依頼しよう」という気持ちが強くなる。

② 見積をロードマップと共に提示する

せっかく相談者が依頼に前向きになっても，費用がわからなければ依頼のしようがない。したがって，見積は面談の場で提示すること。なお，見積の形式はロードマップと連動している積算根拠が明確な「分解見積」にする。そして，ロードマップと合わせて費用について説明すれば，相談者は問題解決に要する費用に対する合理性を理解できるので，満足行く報酬をぐっと引き寄せることができる。

【ここがポイント】

業務の流れに沿って問題解決までのプロセスを説明する。すると，相談者は今抱えている先の見えない切実な悩みの解決をイメージできる。そのうえで，ロードマップと合わせて分解見積を提示すると満足行く報酬で受任できる確率は格段に跳ね上がる。

Q11 依頼者を信じない

面談で相談者から聞いていた内容が，いざ業務を遂行すると事実と異なることがしばしばあります。たとえば，次のようなことがありました。

- 銀行の相続手続を受任したところ，面談では「口座を開設していた銀行は3行」と聞いていたのに，業務の途中から「実は，あと2行ありました」と追加されてしまった。
- 面談で被相続人の妻から「夫の相続人は私と長男の2人だけです」と聞

　かされていたのに，相続人調査をしたところ，被相続人が前婚で子どもを
　儲けていたことが判明した。

　こうなると，業務着手時に想定していたより業務量が増えてしかも大抵難易
度が高くなってしまいます。その結果，業務完了までに要する時間や経費が当
初の予定より大幅にかかるため，実質的な赤字となってしまいます。
　このような事態を防止するためにはどうしたらよいでしょうか。ちなみに，
見積には「遺産分割手続・一括・〇万円」と記載しています。

A

　相談者の話は参考程度に聞いておくこと。つまり，依頼者を「信じない」こ
と。鵜呑みにしてしまうと，相続人や許可基準の要件の見落としなど「致命的
なミス」を誘発する危険性が高くなる。また，報酬請求に関しては，業務の範
囲が面談時の内容と変わったにもかかわらず，追加請求が困難になってしまう
こともある（このようなリスクを回避するためにも，面談で提示する見積は「分解見
積」を提示しておくこと）。

　このように，依頼者を信じ切ってしまうと，業務遂行と報酬に悪影響を及ぼ
す場合がある。

　もし，質問者が分解見積を提示していたら，面談で聞いていた内容と事実関
係が異なる場合に，追加請求がしやすくなっていたはずだ。たとえば，「銀行
の相続手続・1行・〇万円」と提示していたら，「面談でお聞きした時には3行
でしたが，2行増えましたのでその分（＝2行分）追加でご請求させて頂きます」
と追加請求分を明確に提示できる。このように追加請求の根拠を論理的に示せ
ば，たいてい依頼者は応じてくれる。

　なお，被相続人の前婚の子どもが判明して相続人が増えた等の「見積の条件
を根底から覆すような重大な事実」が判明した際は，依頼者と改めて打合せを
して，難易度が大幅に高くなることを具体的に説明して再度見積を提示すべき

である（面談のヒアリングの内容と事実関係が異なるおそれがある場合は，改めて見積を提示する旨の内容を委任契約に入れておくべきであろう）。そのためにも，分解見積で「業務の内容と範囲」を明確にしておくことは重要である。

【ここがポイント】

　相談者を「信じない」こと。信じ切ってしまうと，致命的なミスの誘発や不本意な報酬につながるリスクが高くなる。見積を分解見積の形式にして，なおかつ「業務の内容と範囲」を明示することで，不本意な報酬を回避できる。

Q12　自分に依頼するメリットの伝え方

　公正証書遺言の作成の面談で，相談者から「公証人に直接相談するのと（行政書士に相談するのと）どう違うのか？」と質問を受けました。どのように答えたらよいでしょうか。

A

　相談者の質問の真意は，「行政書士（＝あなた）に依頼すると私にどのようなメリットがあるのか」ということである。

　相談者が求めている回答は，「今，私（＝行政書士）に依頼をすれば，あなた（＝相談者）が抱えている先の見えない切実な悩みは，独力で行うのと比べてはるかに早く解決できる」ということである。

　そのためには，まず面談の場で問題解決までの道筋を「ロードマップ」に示し，あなた（＝行政書士）が，相談者が抱えている問題解決のために行うことを明確にし，「独力で行うのと比べて，はるかに早く悩みが解決する」ということを確信してもらうことである。そのうえで，顧客価値を実現するために係る費用を「分解見積」に明記して提示する。

　以上のことを面談の場で実行できれば，相談者は専門家に相談するメリットと費用対効果を実感できる。その結果，受任と満足行く報酬が実現する。

【ここがポイント】

　相談者が，自分（＝行政書士）に依頼すると独力で行うのと比べてはるかに早く問題が解決することをロードマップで明示し，分解見積で費用対効果を実感してもらう。

Q13 受任に直結する面談の「型」

　面談で「こうすれば受任できる」といった一定のパターン（型）はあるでしょうか。

A

　相談者は，「この行政書士に依頼をすると『今，自分が抱えている先の見えない切実な悩み』が速やかに解決できる」（＝顧客価値実現の実感）と確信できれば依頼にグッと前向きになる。

　そして見積金額に納得すれば依頼をする（ただし，金額は行政書士が満足行くものでなければならない）。このことは，行政書士が行うことができるすべての業務にいえることである。

　ただし，個々の相談は一つとして同じものはない。したがって，「こうすれば必ず面談で受任できる」といった必殺技はない。しかし，顧客価値実現の観点に立てば，一定の「型」を見出すことができる。以下「受任に直結する面談の型」を提示するので参考にして頂きたい。なお，当然だが，この型を実行するには顧客価値を実現できるだけの実務脳を習得していることが前提条件である。

【図表 18】受任に直結する面談の型

型その1.「顧客価値」を見出す

〜相談者が今抱えている（先の見えない切実なレベルの）悩みを聞く
　※話の腰を折らないこと。あいづち，頷き，オウム返しをうまく駆使して，
　　相談者が気持ちよく話せるように演出する。このことで，相談者は行政書
　　士を「理解者」として受け入れる。

型その2.「事実関係」を把握し維持する

〜「その1」の内容を分析して事実関係を整理して，相談者に提示する。この
　ことで相談者は，自分が抱えている悩みを客観的に捉えることができて落ち
　着きを取り戻すことができる（ただし，相談者を「信じない」）。

型その3.「ロードマップ」を提示する

〜悩みを解決すための着手から業務完了までの道筋（＝ロードマップ）を提示
　しながら問題解決までのプロセスを説明する。
　引合いで収集した情報を基に準備したロードマップに面談で得た情報を加筆
　しながら説明すると相談者は「先の見えない不安」から解放されていくこと
　を実感できて依頼にグッと気持ちが傾く。なお，この段階まで来ると，費用
　が気になり出してくる。

型その4.「見積書」を提示する

〜引合いでのヒアリングを基にあらかじめ用意しておいた「見積書」（分解見
　積）に条件（たとえば，相続手続であれば，共同相続人の人数，相続手続の
　金融機関の数，遺産の総額等）を記入して見積金額を提示する。その際に，
　先に提示したロードマップと合わせて説明すると，金額に対して相談者の理
　解を得やすい。

型その5.「業際」を説明する

〜自分の身を守るためにも業際について説明しておくこと。

たとえば，相続手続業務であれば，相続人の間で紛争が生じた場合，法により業務継続が不可能となり辞任せざるを得ないことを伝える。これにより，紛争状態になった場合に速やかに辞任できるので自分の身を守ることができる（いわゆる「出口」を用意しておく）。

一方，相談者は，「万一，自分たちがもめてしまったら，面前の行政書士から見捨てられてしまう」という緊張感を持つ。そして，「できる限り円満に話し合いが決着するようにしよう」と決意する。このように，業際の説明は，相続人間の紛争抑止にもつながる。

また，許認可に関する業務では，欠格事項や許可基準を満たさない場合など，相談者にとって不利益な情報を伝えておく。そのことで，業際と同様に「出口」を用意することができる。

型その6.「委任契約」を締結する

〜業務を遂行するに当り，依頼者との間でトラブル発生が予想できる項目（業務範囲，報酬金額，支払期日，辞任（業際）等）を明記しておく。

型その7.「委任状」を受領する

〜面談の場で受領するのがベスト。無理な場合は，面談翌日に郵送（切手を貼付した返信用封筒を同封）する。

型その8.「請求書」を発行する

〜面談の場で手渡すのがベスト。早期請求は早期入金につながる。無理な場合は，面談当日もしくは翌日に郵送すること。

【ここがポイント】

　面談で「こうすれば必ず受任できる！」という必殺技はない。しかし，一定の「型」はある。ただし，顧客価値を実現できるレベルの実務脳を習得していることが前提条件となる。

Q14　面談で相談者に「業際」を説明する重要性

　面談で紛争性が認められなかったため，相続手続の業務を受任しました。しかし，遺産分割協議の段階で，兄弟間で紛争が発生してしまいました。そこで，「業際の問題上，これ以上業務を継続できません」と依頼者（＝相続人代表者である長男）に伝えました。すると，「今更下りるとは無責任です。きちんと最後まで仕事をやってください！」と言われてしまいました。最終的には業際問題を説明してパートナーの弁護士を紹介することで納得頂いてなんとか辞任できました。なお，報酬は依頼者と協議のうえ，着手金の５割を返金することになってしまいました。

　このように，依頼者からクレームを受けて，おまけに着手金の半額を返金する羽目に陥ってしまいました。今後このような事態を回避するにはどうしたらよいでしょうか。

A

　遺産分割など紛争が発生するおそれが否定できない業務では，面談の場で「紛争性が生じる可能性があると私（＝行政書士）が判断した場合は，行政書士法により業務継続ができなくなるため辞任する」と相談者に業際について伝えておくこと。加えて，委任契約書に「業際による辞任」について明記しておくこと。それを怠って，紛争が発生した時点で辞任を告げると，相談者は行政書士を「仕事を途中で放棄する無責任な者」と捉える。

　この質問では，幸いにも依頼者の理解を得て辞任できたが，中には業務を継続せざるを得ない状況に陥ってしまい行政書士法違反等によって懲戒処分を受けた者も実際いる。

　以下に業際を面談で相談者に伝えなかったことが原因の一つと考えられる処分事例を紹介する。

【処分内容：1か月の会員権停止】

> ＜処分理由＞
>
> 　A会員による受任から答弁書文例作成に至る一連の行為は，争訟性が明らか
> になった段階で業務を制限すべきところ，自らが設定した業務に引きずられ，
> その機を失したものであり，弁護士法72条及び司法書士法73条違反を，第三
> 者に推認されてもやむを得ない状況を自ら作り出したといえる。また，その後
> の措置についても，依頼人を納得させることを怠っている。
>
> 　これらの行為は行政書士の信用及び品位を害するものであり，行政書士法
> 10条に違反することは明らかである。以上の理由により，上記処分（1か月の
> 会員権停止）とする。
>
> ＜処分の根拠＞
>
> 　行政書士法10条（行政書士の責務）

　また，面談で業際問題を説明することは，依頼者を「もし，（相続人間で）紛
争状態になってしまったら，この先生は手を引いてしまうのだ。そうなると，
弁護士費用や裁判費用がかさむし，解決に長期間を要してしまう。なんとかこ
のまま揉めないように努めよう」といったように紛争抑止に導く効果が期待で
きる。

【ここがポイント】
　面談で業際について必ず説明すること。これにより，自分の身を守ることが
できる。

Q15 「ロードマップ」の効果

　相談者が「この先生に依頼してみよう！」と決断する有効な方法を教えてく
ださい。

A

　相談者は，「先の見えない切実なレベルの悩み」を抱えている。その不安から一刻も早く逃れたいからお金を払ってまでしても専門家に依頼するのである。

　先行きが不透明だと不安は一層大きくなる。だから，先が見通せるようにしてあげると「この先生に依頼しよう」とグッと気持ちが傾く。したがって，「今から何をどのようにしていけば，いつ頃までには悩みが解消できる」という道筋，すなわち，「ロードマップ」を提示することが依頼者が行政書士に対して信頼を寄せることにつながるので，受任率をアップするのに効果的である。

【ここがポイント】
　「ロードマップ」を見た相談者は，先行きを見通せることで一気に依頼に気持ちが傾く。

Q16　「問題解決必要書類リスト」の効果

「ロードマップ」の他にも受任率を高める有効な技はありますか。

A

　「ロードマップ」を提示した直後に，問題解決に必要な書類・作成する書類のリスト（問題解決必要書類リスト）を提示してみる。この場合，受任した場合を想定して，「ご依頼人様が集める書類」「当事務所が作成・収集する書類」と分けて見せるのがポイントであるである。

　この「問題解決必要書類リスト」を見た相談者は，「自分でやるとこんなに大変なんだ」「自分には無理そうだ」と悟る。また，「（先生は）これだけのことをやるのだから相当の報酬を得て当然だろう」と費用について理解を得られる効果も期待できる。

【ここがポイント】

　「問題解決必要書類リスト」には，問題解決に要する「手間」を相談者に自覚させることによって，高い受任率と満足行く報酬を実現する効果がある。

Q17　受任に直結するツボ

面談で受任に直結するツボを教えてください。

A

　相談者は，「今，自分が抱えている先の見えない切実なレベルの悩みを速やかに解決したい」と切に願っている。しかし，自分では解決が困難なため，わざわざ時間とお金をかけてまでして専門家に相談するのである。

　では，なぜ自分で解決できないのか。その原因の一つに，解決のためにしなければならないことを「自らしたくない」という心理がある。

　たとえば，遺言執行業務では，戸籍謄本等の請求・収集で思うように進まない相談者に対して，「印鑑登録証明書だけご提出ください」「他の書類は全て私（＝行政書士）が官公署に請求して取得します」と伝えてみる。

　また，許認可業務に関する相談者の多くは役所に出向く時間がない。しかも役所に対して「高圧的」「お役所仕事」等よいイメージを持っていない者も少なくない。その相談者に対して，「役所には○○さん（＝相談者）の代理人として私（＝行政書士）が伺います。行政書士は行政書士法で官公署の書類作成だけでなく，○○さんの代理人として官公署へ書類を提出することが認められています（行政書士法1条の3第1号）。ですから，○○さんは原則として役所に出向く必要はありません」と伝えてみる。

　このように，許認可業務では，書類作成はもちろんのこと，関係各署への相

談・折衝や申請書の提出も行政書士が「依頼者の代理人」として行うことができると告げる。案外と「役所アレルギー」の者は多い。「依頼頂ければ，原則として（あなたは）役所に出向く必要はありません」という一言は相談者の胸にグッと響く。

この「印鑑登録証明書だけご提出ください」「役所に出向く必要はありません」という一言に共通しているのは，相談者が「やりたくない」と思っている点を鋭く突いていることだ。人はふつう「やりたくない」ことを行うのは気が進まないものだ。しかし，どうしてもやらなくてはならない場合は，信頼の置ける専門家が自分に代わってやってくれるのなら，報酬に納得さえできれば依頼するのは必然の結果である。

【ここがポイント】

　相談者が「やりたくないこと」を見出す。そして相談者に「（あなたが）やりたくないこと」を自分（＝行政書士）が法に基づいて代わりに行うと告げる。すると，相談者は，「自分でやりたくないこと」を行政書士が代わってやってくれることを知ると，一気に依頼に気持ちが傾く。

2-6　業務遂行

「業務遂行」は，受任から業務完了（報酬の受領を含む）までの一連の流れの場である。顧客価値実現の観点から「依頼者が抱えている悩みを速やかに解消する」ことを強く意識してスピード重視の姿勢で臨むことが大切である。そこで，「速やかな業務遂行」を実現する心得と技を確認する。

Q18　業務に臨む心得

業務に臨むにあたり，肝に銘じておくべきことは何でしょうか。

A

「スピードが命」であることを肝に銘じて業務に当ること。

すべての業務に通底する顧客価値は「早期解決」である。たとえば，遺産分割業務で業務が滞ると次のような事態を誘発する危険性が高くなる。

・相続人の中に遺産分割の方法に疑念を抱く者が出てくるなどが原因による相続人間の紛争
・遺産が相続人に長期間にわたり承継されないことによる財産的不利益
・相続税の納付期限に間に合わない

スピード優先で業務を遂行していれば，たとえミスリードをしてしまってもリカバリーのチャンスが残されている。一方，業務遅滞の状態でミスリードに気付いたら，許認可業務では更新期限内に申請できないなど取り返しが付かない事態を招いてしまうこともある（現にこの種の懲戒処分は後を絶たない）。そうなってしまうと依頼者が被る不利益は営業停止など甚大になる。当然，受任した行政書士は行政書士法に基づく処分に加えて依頼者に損害賠償を支払うことになる。このように，「自分の身を守る」という観点からもスピード優先で業務を遂行すべきである。

また，通常，業務が早く完了すればするほど報酬の入金も早くなる。経営の観点からも速やかな業務遂行は重要といえる。

【ここがポイント】
　スピード優先で業務に当たる。速やかな業務遂行は顧客価値の実現はもちろん，自分の身を守り，なおかつ経営の安定にもつながる。

Q19 依頼者を「動かさない」

面談で，相談者に遺言作成に必要な印鑑登録証明書，戸籍謄本，住民票の写し，固定資産税評価証明書等の提出を指示しました。その後しばらく経っても提出されないので「書類はまだそろいませんか」と催促しました。すると，「思うように集められなくて……。もう少し待ってくれませんか」と言った後，連絡が途絶えてしまいました。このような依頼者が多くて困ります。書類を速やかに提出させるよい方法を教えてください。

A

あなたは，「書類の提出が遅い依頼者が多くて困っている」と言っているが，本当に困っているのは依頼者の方である。まず，このことに気付かなくてはいけない。このような"依頼者丸投げ"のやり方は「自分本位」の思考の典型である。

戸籍謄本を一通取得するのも依頼者にとってはハードルが高い。したがって，原則として，印鑑登録証明書以外の書類は行政書士が「職務上請求書」や「委任状」を活用して請求・収集すべきである。必要書類を入手するために依頼者を官公署に行かせたり，郵送請求させるなどして動かしてはいけない。なお，必要書類を請求・受領するなどした「(自分が) 動いた分」は，当然請求できる (また，そうすべき)。そのためには，面談で分解見積を提示しておくことが重要である。

このような，依頼者を「動かさない」ことは，速やかな業務遂行を実現する。したがって，「今，抱えている先の見えない切実な悩みを一刻も早く解消したい」と願う顧客価値の実現にもつながるのである。

> 【ここがポイント】
> 　依頼者を「動かさない」ことは顧客価値の実現に直結する。

Q20　依頼者を「放置しない」

　遺産分割業務を受任してから一月経った頃，依頼者から「銀行から遺産がまだ振込まれていません。3日後に葬祭会社に200万円払わなくてはなりません。それまでに必ず振込まれるようにしてください！」と暗に私の仕事が遅いとクレームのメールが届きました。

　私は，粛々と業務をしてきました。業務も順調に進んでいます。このような苦情を受ける筋合はありません。私になにか落ち度はあるでしょうか。

A

　面談で問題解決までの道筋（＝ロードマップ）を提示しなかったことと，受任後の経過報告の懈怠の2つが原因と考えられる。

　依頼者は「先の見えない切実な不安をできる限り早く問題を解決したい」と切に願っている。したがって，行政書士が思っている以上に問題解決までに要する日数を「長い」と感じる。このことを頭に入れておくこと。

　そこでまず，面談でロードマップを提示しておおよそのスケジュールを伝えておく。次に，たとえ順調に業務が遂行していても，タイミングを見計らって電話やメール等で進捗状況を適宜報告する（＝依頼者を放置しない）。この2つを実行しておけば，本問のようなクレームを受けることはまずない。

　ところで，面談でヒアリングした内容が，業務を着手してみたら事実と相違があることがままある。その場合，たいてい面談の内容より業務量は増え，しかも難易度は高くなる。当然面談で相談者に提示したスケジュールより業務完

了は遅くなる。しかし，依頼者は一度提示されたスケジュールで問題が解決できると思い込んでいる。したがって，ロードマップには，完了予定より少なくとも2割程度の余裕を見込んでおくことが望ましい。

【ここがポイント】
　面談で提示するロードマップには，不測の事態に備えてスケジュールは余裕を見込んで提示しておく。また，着手後，たとえ順調に業務が遂行していても中間報告を適宜入れて依頼者を放置しないこと。

Q21 終了時確認メモ

　依頼者の中には，前回の打合せ内容をよく覚えていなかったり，発言した内容が二転三転する方がいます。そうなると業務が停滞してしまいます。このような事態を回避する有効な手段はありますか。

A

　打合せが終了したら，打合せ内容をメモした用紙をコピーして依頼者に手渡してみる。この用紙のことを筆者は「終了時確認メモ」と呼んでいる。

　依頼者はこのメモを見れば打合せ内容を確認できるので，質問のような事態を回避することができる。また，このメモは，メールでの連絡が苦手な高齢の依頼者にもお勧めである。

【ここがポイント】
　「終了時確認メモ」は，依頼者とのコミュニケーションツールとして速やかな業務遂行に威力を発揮する。

Q22　「委任状」を渡すタイミング

　受任から１週間後に，固定資産税評価証明証明書を代理申請するために相続人代表者に委任状を送りました。しかし，10日経っても戻ってこないため業務が滞ってしまっています。どうしたらよかったのでしょうか。

A

　受任した面談の場で委任状に署名押印してもらうのがベストである。そのためには，引合いの段階で，「受任した場合，委任状をいただく場合がある」と伝えて，面談に認印を持参するように伝えておくとよい。なお，面談の場で委任状に署名押印をもらうには，面談に臨む「準備②」の段階で，委任状のひな型を準備しておく必要がある（P43・44【現物資料3-5①】参照）。

　やむを得ず面談で渡すことができず後日送る場合には，返信用封筒を同封して投函する期限を指示すること。もし，期限を過ぎても届かないようなら，直ちに催促して業務遅滞を回避するように努める。

【ここがポイント】

　受任と同時に委任状に署名押印してもらうように準備しておく。そのために，引合いの段階で相談希望者に面談に印鑑を持参するように伝えておく。

Q23　書類を速やかに回収する技

　依頼者に，書類に署名押印を頂いたうえ，返信してもらうことがしばしば発生します。速やかに返信してくれればよいのですが，なかなかそのようにいかないことがあります。速やかに書類を回収するよい手段はありますか。

A

　書類の「動き」をつかむためにレターパックを活用する。また，依頼者の手間を極力省く工夫をする。以下具体例を紹介する。

(1) 送付状

① レターパックで送る
　〜到着日がわかる
② 品名の欄に「重要書類」「返信用封筒在中（返信期日○月○日まで）」と赤文字で記載する

(2) 返信用封筒

① レターパックを同封する※表紙のコピーを取っておくこと
② 「お届け先」（＝行政書士の住所と事務所名等）はもちろん，「ご依頼主」（＝先方の氏名・住所，電話番号）および「品名」も記載する
③ 書類の「説明書」「記載見本」を添付する
④ 書き損じた場合の予備の書類を入れる

　レターパックで送ることで，書類が依頼者に届いた日がわかる。また，同封したレターパックのコピーの追跡番号から返信を依頼した書類を依頼者が投函したかそれとも手元にまだ留まったままなのかが掴める。もし，滞っている場合は電話やメールで催促して業務遅滞を回避することができる。

　また，返信期日を「○月○日までに返信希望」のようにレターパックに書いておくと開封しなくても目に入るので行動を促すのに効果的である（説明書にも期日を明記すること）。

　「相手を動かさない」という鉄則に基づいて，依頼者のお届け先等の記入の手間を省くために返信用レターパックに「お届け先」「ご依頼主」「品名」を記

載する。

　また，行政書士からしてみれば，「署名押印するだけ」でも，依頼者からしてみれば，「書き損じたらどうしよう」「上手に押印できなかったらどうしよう」と不安に思ってためらってしまう者もいる（特に高齢者）。そのため，署名押印が必要な書類（遺産分割協議書，各種委任状等）には，「記載見本」と書き損じた場合に備えて「予備」を入れておくこと。

　なお，返信してもらう書類は，いずれも重要な個人情報である。したがって，たとえば自分（＝行政書士）のことを直接知らない相続人（＝相続人代表者以外の相続人）に遺産分割協議書や金融機関の相続届等に署名押印を頂く場合は，自分の名刺や日本行政書士会連合会のホームページの「行政書士会員検索」の情報の写しを同封して，書類とともに「安心」もお届けすることも忘れてはならない。

　このように，相手のことを考え抜けば，相手に「行き届いたサービス」を提供できる。そして，この行き届いたサービスが自然と差別化につながる。

【ここがポイント】
　相手（＝依頼者）の立場で考えれば，行き届いたサービスが生まれて業務が速やかに完遂する。行き届いたサービスは差別化を生む。

2-7　アフターフォロー

　アフターフォローは，業務が完遂した後に既存依頼者（＝業務が完了した依頼者）と継続的にコンタクトを取ることで，既存依頼者をリピーターに変える場である。アフターフォローの心得と技を確認する。

Q24 既存依頼者をリピーターまたはキーマンにする技

　依頼を頂いても単発で終わってしまいます。継続的に相談が来る有効な方法はありますか。

A

　業務完了後も継続的にコミュニケーションを図って相手の脳に「いざというときは行政書士の〇〇先生」と印象付けるようにする。私はこのことを「脳のSEO対策」と呼んでいる。

　たとえば，次のような手段がある。

・季節のあいさつ
　〜年賀状や暑中見舞い，中元・歳暮
・情報提供
　〜法改正や許可更新の案内など，相手にとって有益な情報をタイムリーに提供する。

　このような「脳のSEO対策」を継続的に施すことで，既存依頼者をリピーターやキーマンに変えることができる。

　なお，依頼内容等によっては，相手が継続的コミュニケーションを望まないこともある。そのため，業務完了後の連絡については，業務完了時に相手の承諾を得ておくこと。このことは，個人情報保護の観点からも重要である。

【ここがポイント】
　脳のSEO対策で既存依頼者をリピーターやキーマンに変える。なお，アフターフォローをする前には既存依頼者の承諾を得ておくこと。

Q25　リピートにつながる納品の仕方

業務が完了したのでこれから依頼者に書類を引き渡します。書類の引き渡しで気を付けることはありますか。

A

行った業務の内容が一目でわかるように書類を整理して引き渡すこと。

たとえば，遺言作成業務では，「遺言書在中」と記した書類封筒に，遺言書の他，遺言作成で作成した「相続関係説明図」「財産リスト」並びに収集した戸籍謄本，履歴事項証明書等を一括して封入する。ここのポイントは，納品した書類が一目でわかる「納品リスト」を作成して添付する（P78【現物資料4】参照）。そして，引き渡す際には，「納品リスト」を提示しながら，行った業務内容を説明する。なお，最後に「納品リスト」の写しに受領の署名をもらうのを忘れないこと。

このように，書類を整理して一目でわかるように納品すると，依頼者は業務内容を一目で確認できるので，今まで自分が抱えていた先の見えなかった切実な悩みが解消できたこと，すなわち「顧客価値の実現」を改めて実感できる。その結果，「○○先生に依頼してよかった」と行政書士に対する信頼が一層深まる。このように「納品リスト」は，依頼者をリピーターやキーマンに変える力がある。さらに，受領の署名をもらうことで書類を「引き渡した」「受け取っていない」といった書類の授受のトラブルを防止できる。

なお，納品したすべての書類のコピーは事務所に保管しておくこと。これがあるとリピート（遺言書類作成業務では遺言の取消し・書き換え・遺言執行等，許認可業務では更新等）の依頼が来たときに迅速に対応できる。なお，保管期間は業務の内容にもよるが，最低5年，できれば10年は必要と考える。

【ここがポイント】
　「納品リスト」を見た依頼者は，顧客価値の実現を実感し行政書士に対する信頼を一層強くする。「納品リスト」は，依頼者をリピーターやキーマンに変える力がある。

2-8　受任率をアップして満足行く報酬を得る

　受任率をアップして満足行く報酬を得ることを実現する心得と技を Q&A で確認する。

Q26　顧客価値

依頼者に喜ばれてしかも満足行く報酬を得る方法があれば教えてください。

A

　顧客は，顧客価値の実現（自分にとって価値あるものを実現すること）に関しては積極的に対価を支払う。したがって，提供するサービスが顧客価値を実現することを面談でわかりやすく相談者にプレゼンできれば，受任率のアップはもちろんのこと，満足行く報酬を得ることも実現できる。

　たとえば，遺言書を作成しようとする者にとっての顧客価値は何であろうか。それは，「自分の死後に遺言の内容を速やかにしかも確実に実現すること」である。だから，「目の前の行政書士（＝あなた）に依頼すれば，これから作成する遺言の内容が，自分の死後に迅速かつ確実に実現できる」と確信できれば，相談者は喜んで依頼する。そして，行政書士がプロならではのサービスを提案できれば，報酬も満足行くものになる。たとえば，遺言作成業務の場合，次のようなサービスが考えられる。

①　「相続関係説明図」の作成

たとえ，遺言書があっても，遺言執行時には金融機関から相続関係を証する戸籍謄本を要求されることがよくある。したがって，遺言書作成時に依頼者が生れてから現在までおよび推定相続人の戸籍謄本を職務上請求書で請求して「相続関係説明図」を作成する（収集した戸籍謄本は発行日が古くなっても遺言執行に使用できる旨を相談者に伝えておく）。

これにより，遺言執行時には，被相続人の死亡が記載されている戸籍謄本および相続人の戸籍謄本のみ収集すれば済むので，戸籍謄本等の日数が大幅に短縮される。その結果，遺言執行が速やかに完遂する。

②　「財産目録」の作成

財産の一覧表とともに不動産の登記簿謄本，固定資産税評価証明書，銀行の通帳の見開き頁のコピー等を取りまとめて財産目録を作成する。このことで，相続財産の範囲が明確になり，遺言執行が速やかに完遂する。

私の経験上，この2つのサービスを「この書類（相続関係説明図，財産目録）があると，ない場合に比べて格段に速く，しかも簡単に執行できます。受遺者や遺言執行者の方は大変助かります」と一声添えて依頼者に提案すれば，たとえ，その分の費用が加算されても相談者のほとんどは，「お願いします」と即答する。

なお，見積書の形式は，「遺言書作成・一式・○円」といったような一括見積で提示してしまうと，せっかくの提案が見えにくくなってしまい，「なんとなく高い感じがする」と受け止められてしまうおそれがある。したがって，相続関係説明図と財産目録の作成にいくら費用がかかるのか明確にするためにも分解見積を提示すること（P68【現物資料3-3③】参照）。

【ここがポイント】

　相談者は，顧客価値を実現するサービスに対しては積極的に費用を支払う。見積の形式は分解見積で提示する。

Q27　相談料

　無料相談をしても，受任につながらないことがたびたびあります。どうしたらこのような状況を回避できますか。

A

　原則として相談料を請求すること。理由は3つある。一つ目は，相談を受けるにもコストがかかるからである。たとえば，相談の準備に2時間を要したとしよう。準備をコストとして捉えると時給5,000円として1万円のコストが既に発生している。もし，無料相談で終わってしまったら1万円の赤字となる。知識を習得するためのコスト（準備①）も含めば，赤字は相当な金額になる。

　2つ目は，相談料を請求することで相談希望者が抱えている悩みのレベルを計ることができる。引合いの段階で相談料を告げた途端に面談を躊躇したら，その者の悩みは切実の域に達していない。したがって，面談をしても依頼する可能性は低いと考えてよい。。

　そして，3つ目は，行政書士と相談者の間に金銭の授受によって，ある種の緊張感が生まれるからである。この緊張感が両者に集中力を生み，依頼につながるのである。

　なお，例外的に無料相談を行う場合は次のようなケースが考えられる。

(1)　高い確率で受任できる見込みがある場合

　①　リピーターからの相談

過去に依頼を頂いた者からの相談の場合。

②　紹介者からの相談

紹介者への「感謝の証し」として無料で相談に応ずる。

(2)　戦略的に無料相談にする場合

①　新規分野のリサーチ

新規分野における相談の傾向を把握するため

②　新規顧客の開拓

許可の更新を受任するために許可内容を知るため　等

無料相談を行う場合は，「原則として相談料を請求している」ということを相談者に伝えておくこと。

たとえば，紹介者がいる者には，「本来は相談料を頂きますが，○○様からご紹介を頂いていますので今回は無料とさせて頂きます」と一言を告げるのである。そのことで，紹介者の顔も立つし，今後の紹介も期待できる。そして，相談者はお得感を感じて依頼する確率が高くなる。

なお，無料相談で終わってしまう原因が自らの準備不足にある場合は，準備を整えることが先決であることは言うまでもない。

【ここがポイント】

　相談にもコストが発生していることを意識すること。相談料を請求することで相手の悩みのレベルを計ることがことができる。また，相談者と行政書士の間に受任につながる緊張感が生まれる。

Q28　見積書を提示するタイミング

　面談で受任の手ごたえがあったのでその翌日に「公正証書遺言作成・一式・15万円，別途公証人手数料・経費実費」という内容の見積書を郵送しました。

そして，1週間後に連絡したところ「もう少し考えたい」と言われてしまいました。その後連絡はありません。このようなことは過去にもありました。どうしたらこのような事態を回避できるでしょうか。

A

面談で，相談者を魅了するパフォーマンスができれば，相談者の「この先生に依頼してみたい」というテンションは最高潮に達する。このような状況下では，当然であるが受任できる確率は高いし満足行く報酬も得やすい。

ただし，費用がいくらかかるかわからない段階で依頼をする者はまずいない。したがって，見積（報酬と実費の費用の合計）を面談の場で提示する必要がある。

質問者は，面談で相談者を魅了するパフォーマンスを行うことができたようだが，面談の翌日に見積書を郵送した。たとえ面談で相談者を魅了しても，ふつう相談者はその場（事務所）から一歩出るとテンションは急下降する。このことを肝に銘じておくこと。

また，「公正証書遺言作成・一式・15万円，別途公証人手数料・経費実費」とったような「一括見積」では，相談者は費用の妥当性（安い，高い，適正）が全くわからない。

しかも，相談者は費用というと「報酬，消費税，実費を含めた総額」と考える。そのため，相談者の理解を得るには，申請料，交通費，郵送料等実費及び消費税も含めた費用を積算根拠がある「分解見積」の形式で提示する必要がある。

その際に，問題解決までの「ロードマップ」を提示しながら費用の説明をすると，相談者は今自分が抱えている先の見えない悩みを解消できるプロセスをイメージできるので，一気に受任率を高めることができる。加えて，行政書士が自分の悩みを解消するために何にどれだけの労力を費やすのかもわかるので，満足行く報酬を得ることにもつながる。

【ここがポイント】

　面談の場で積算根拠のある「分解見積」を「ロードマップ」と一緒に相談者に提示すると受任はもちろん満足行く報酬も引き寄せることができる。なお，見積には手数料等の経費も明示しておくこと。

Q29　価格競争を回避する方法

　価格競争に巻き込まれないで満足行く報酬を得るにはどのような見積を提示すればよいでしょうか。

A

　積算根拠が明らかな「分解見積」を提示する。「分解見積」とは，相談者が今抱えている先の見えない切実な悩みを解決するために，行政書士が何を行い，それに対してどの程度の労力（＝経験知と時間）を費やすかを，業務の手順に可能な限り忠実に列挙している見積のことを指す。

　行政書士から分解見積を提示されて費用の説明を受けた相談者は，費用の算出根拠を知ることができるので金額の妥当性を判断できる。その結果，費用に対して納得感を得やすくなる。

　一方，「遺言書作成・一式・〇万円」といった「一括見積」では，たとえ金額に妥当性があったとしても，内容が不透明なために納得感が得にくいので依頼を躊躇してしまう。その結果，相談者からインターネットで調べた「〇〇円〜」という根拠の乏しい“ネット価格”を持ち出されて値下げを要求されてしまう。

　なお，面談の場で一から分解見積を作成するのは相当な経験知が求められる。そこで，引合いの段階で入手した情報を基に，面談前に業務項目を記載し

て単価と数量・時間を空欄にしたままの見積書を準備しておく（P55【現物資料3-3②】参照）。そして，面談の内容に応じて空欄の箇所を埋めたり項目を加筆するなどして見積書を完成させて相談者に提示する（P68【現物資料3-3③】参照）。そうすれば，面談の場で相談者に分解見積を提示できる。

【ここがポイント】

　面談の場で提示する積算根拠が明らかな「分解見積」が価格競争を回避する。

Q30 依頼に踏み切れない相談者への対応

　相談者は遺言書の作成をなかなか決断できません。作成に踏み切らせるよい方法はあるでしょうか。なお，相談内容からすると，遺言書を残すべきケースに該当します。

A

　遺言書を作成することに躊躇する相談者は結構いる。その者に「遺言を残すべきですよ！」と勧めても，内心で「そんなことはわかっていますよ」とかえって反発されてしまうのが落ちだ。

　そこで，いきなり遺言書を作成することまでもっていかずに，次のように段階的に作成する方法（「段階的作成方法」）を提案するとよい。

【段階的作成方法】

(1)「相続関係説明図」を作成する

　〜出生から現在に至る戸籍謄本の請求・受領を代理する

(2)自筆証書遺言を作成する

　〜決めている内容だけでも可

(3)自筆証書遺言を公正証書遺言にモデルチェンジする

　〜意思が固まったら，(2)の自筆証書遺言を撤回して，公正証書遺言を作成す

る

　このように，まずはハードルの低いものから始めてみることを提案する。すると，気分が軽くなって，「よし！　やってみるか」と行動に移すようになる。なお，この段階的作成は，たとえば，許認可業務においては，まず許可基準の調査から始めてみるなどあらゆる業務に通底する。

【ここがポイント】
　依頼を躊躇する相談者には，ハードルの低い業務から段階的に提案してみる。

Q31　前提条件が変わったことによる追加請求の交渉

　相続人調査の結果，被相続人に前婚のときに儲けた子がいることが判明しました。このことは面談で相談者（＝相続人代表者）から聞かされていませんでした。面談で収集した情報に基づいて見積をしたので，相談者に「想定外の相続人が現れたので，業務の難易度が高くなります。そのため，見積より報酬・経費の金額が上がります」と伝えました。すると相談者から，「ご提示いただいた見積金額だから依頼したのです。今さら値上げは困ります」と言われてしまいました。このままだと事実上の赤字になってしまいます。どうしたらよいでしょうか。

A

　一括見積を提示して受任していたら値上げは困難である。なぜなら一括見積では「見積を算出した条件のここがこのように変わったので，この金額に値上ります」といったように，値上げの根拠を論理的に説明するのが困難だからだ。

　一方，分解見積を提示していた場合は，相続人の人数が増えたことと，想定

外の相続人の判明といった特殊事情により業務が増えるため，提示した見積額では対応できないことを，前提条件が変わった後の「再見積」と比較しながら具体的かつ論理的に説明できる。そのため，"値上げ交渉"がしやすく，しかも依頼者の理解を得やすい。

　このように，分解見積は，受任率をアップして満足行く報酬を得られるばかりでなく，見積の前提条件が変わった場合の値上交渉にも威力を発揮する。

　質問のような，面談の内容が着手後の事実関係の調査結果と異なることはまあある。この場合，一括見積では依頼者から値上げに対する理解を得られず本問のように事実上の赤字になってしまうおそれがある。十分注意すること。

【ここが実務のポイント】
　分解見積は前提条件が変わったことによる値上交渉でも威力を発揮する。

第VI部

「高い受任率」と「満足行く報酬」を実現するための骨法

本書では一貫して顧客価値を実現することによって，高い受任率と満足行く報酬を実現することをテーマに述べてきた。ここでは，私が本書で述べてきたことを，「『高い受任率』と『満足行く報酬』を実現する『骨法10カ条』」としてまとめてみる。

骨法その1 「仕事」と「趣味」の違いを意識する

自分以外の誰かのためにやるのが「仕事」。一方，自分のためにやる自分を向いた活動はすべて「趣味」である。仕事には相手が存在するが，趣味には存在しない。趣味は家でやるべきであって，仕事と混同してはならない。

「儲かりたい」といった「自分本位の思考」からスタートすると，相手（＝顧客，依頼者）の存在がどうしてもおざなりになる。その結果，「集客できても受任できない」「受任できても不本意な報酬に甘んじる」「業務遅滞等で依頼者との間にトラブルを抱える」といった"負のスパイラル"に陥る危険性が高くなる。そうならないためにも，仕事と趣味の違いを意識することは大切である。

骨法その2 「好き」こそものの上手なれ

「好きこそものの上手なれ」という諺のとおり，好きだから時間も忘れて没頭できる。没頭できるから知識が深くなる。気付くと専門度が深く・広くなって「専門家」と言われる領域まで達している。
つまり，「好き」といった内的要因が核となって専門性が身に付くのである。その専門性が，顧客価値を実現する原動力となる。

一方，「儲かりそうだから」「需要があるから」といった外的要因を重視して好きでもないものを専門分野に選択してしまうと，ふつう継続的に没頭できない。没頭できないから浅薄な知識で止まってしまう。その結果，"負のスパイラル"に陥る危険性が高くなる。

「行政書士は専門分野を持つべきか否か」という問いを聞くことがままあるが，相談者は八方調べまくった末に，それも自分で解決できないから行政書士に相談にやってくる。だから，相談時には"セミプロ化"している。セミプロ化した相談者を魅了するパフォーマンスを面談の場でするには，専門性が備わっていなければまずできない。したがって，前述の問いは愚問と言わざるをえない。

骨法その3 「頑張らなきゃ！」と思った時点で向いてない

「仕事を頑張らなきゃ！」といった言葉を耳にすることがある。「頑張る」という言葉が出る場面では，悲壮感や「やらされている感」が漂っている。たいてい，その仕事は「好き」なことではない。

行政書士のほとんどは個人事業主である。個人事業主の特権は仕事を選ぶことができること。その個人事業主が「好き」なことをしないでは，数少ない特権を自ら放棄したことになる。「頑張らなきゃ！」と気合を入れなければ始められないなら向いていない。取扱い分野を含めた方向性を見直した方が賢明である。

行政書士は，「国民の利便に資する」ことを目的とし（行政書士法1条），「権利義務又は事実証明に関する書類作成」を業とする（同法1条の2第1項）。業際があることを考慮しても，行政書士は，広範な業務範囲を認められている。わざわざ「向いていない」ことを取扱い分野に選ぶ必要はない。

骨法その4 報酬は「顧客価値」実現の証し

行政書士は，行政書士の相手である顧客（相談者，依頼者）の価値を実現することによって報酬を得ている。そして，顧客にとっての価値（＝「顧客価値」）は，「今，自分（会社）が抱えている，先が見えない切実なレベルにまで達してしまった悩みを，可及的速やかに解消すること」である。

したがって，行政書士が顧客価値を実現するには，今，顧客が抱えている，先が見えない切実なレベルに達してしまった悩みを，可及的速やかに解消するための「知識」と「技」を習得していることが前提条件になる。この前提条件がふわふわしていては，顧客の目には「頼りない者」と映ってしまう。頼りない者にはふつうは依頼しない。一方，前提条件が備わっていれば，「頼りがいがある者」と映る。そうなれば，自然と依頼に気持ちがぐっと傾く。

前提条件が備わっているか否かのメルクマールは，面談の場で，相談者に「悩みが解決するまでの道筋」（＝ロードマップ）を提示できるか否かで判断できる。

骨法その5　面談は「決める」場

相談者は「できるだけ速やかに悩みを解消したい」と切望して面談に臨んでくる。その要望に応えるには，面談の場で受任することがポイントになる。なぜなら，面談で受任できれば，直ちに着手できて早期解決に直結するからだ。そのためには，「決める」という姿勢で面談に臨むことが求められる。

また，面談で受任することは，顧客価値の実現のみならず，満足行く報酬を得ることも実現する。なぜなら，問題解決までの道筋を示した行政書士に対して，相談者が「この先生に依頼したい！」と思う最高潮に達している時が面談の場であるからだ。このように，面談の場で受任することは，相談者と行政書士の双方にとってメリットがある。なお，繰り返しになるが，面談の場で「決める」には，一定以上のレベルの実務脳を習得していることが当然前提条件となる。

骨法その6　面談は「立場」を逆転する場

相談者は，「より安く質の高い法務サービスを享受したい」と思う。一方，行政書士は「満足行く報酬を得たい」と考える。このように，相談者と行政書士

は「利益の綱引き」を行っているのだ。

　「相談者」は買い手であり，「依頼をする・しない」を決める意思決定者であり，支払者でもある。したがって，報酬に関して言えば，行政書士に対して圧倒的に有利な立場にある。まず，このことを自覚する必要がある。

　つまり，報酬に関して有利な立場にある相談者に対して，立場を逆転しなければ「満足行く報酬」を得ることはできないのである。その立場を逆転できる唯一といってもよいチャンスの場が「面談」の場である。この相談者と行政書士の立場を意識して周到な準備を行い面談に臨むことが，高い受任率と満足行く報酬を実現する上で肝要である。

骨法その7 「抽象」と「具体」を駆使する

　面談で「抽象」と「具体」を使い分けると，相談者を魅了するパフォーマンスを実現できる。たとえば，相談者は面談で自分が抱えている切実な不安を行政書士に語る。その内容は超具体的である。その具体的な内容を「法」を基に抽象化して相談者が今置かれている法的状況を「見える化」する。相談者が，自分が置かれている法的状況を把握できたところで，次に具体的に解決方法と問題解決までの道筋（＝ロードマップ）を提示する。

　このように，「具体」と「抽象」を意識して使いこなすことで，相談者は現状を把握し，解決の方向性を容易に見据えることができるようになる。そして，そのように導いた行政書士に対して信頼を寄せる。その信頼が受任率と満足行く報酬を実現する基盤となる。

骨法その8 「7つのプロセス」を意識する

　行政書士の業務は，官公署に提出する書類その他権利義務または事実証明に関する書類の作成，相談，書類の提出代理等に及ぶ（行政書士法1条の2・1の

3)。

　このように，行政書士の業務範囲は広範囲に及ぶが，一連のプロセスは，業務の種別を問わず，原則として「準備①」→「アプローチ」→「引合い」→「準備②」→「面談」→「業務遂行」→「アフターフォロー」の以上「7つのプロセス」に則って進行する。

　この「7つのプロセス」を意識すると客観的に現在地を把握することができる。すると「今，すべきこと」が明確になり，的を射た準備ができ，顧客価値の早期実現を可能にする。

骨法その9　業務は「スピード」優先

　確実性よりもスピードを重視して業務を遂行する。先手先手で業務を進めていれば，たとえミスリードしてしまってもリカバリーできるからだ。

　一方，確実性を求め過ぎるあまり，業務が停滞し，その挙句ミスリードしてしまったら，更新期限に官公署に申請書の提出が間に合わない，外国人社員の来日が遅れる，遺産の払戻しが遅れる等，依頼者に甚大な損害を与える危険性が高くなってしまう。

　依頼者に損害を与えないために，「時計の針は巻き戻せない」ということを肝に銘じて業務に臨むことが大切である。

骨法その10　顧客を「信じない」「動かさない」「放置しない」

　顧客価値を速やかに実現するために，相談者・依頼者には次の「3つのない」の姿勢で臨む。

相談者を信じない

面談で相談者が話した内容は，あくまでも参考意見に止めておくこと。相談者が事実を的確にとらえているとは限らないし，事実誤認していることもままあるからだ。

相談者の話しを信じ込んで鵜呑みにしてしまうと，先入観や思い込みから，たとえば，相続人を見落としてしまったり許可基準を誤るといった致命的なミスを誘発する危険性が高まる。十分に注意すること。

依頼者を動かさない

官公署が発行する書類（戸籍謄本，住民票の写し，履歴事項証明書等）を依頼者に提出させるような指示をすると，たいてい書類が不足していたり請求に手こずって提出が遅くなってしまう。このように，依頼者を動かすことは業務遅滞に直結するので行わないこと。

行政書士が「職務上請求書」や「委任状」を使用して代理で請求すれば，必要書類を速やかに取得できるので顧客価値も早期に実現できる。その結果，報酬も早く得ることができる。

このように，依頼者を動かさないことは，依頼者と行政書士の双方にとってメリットがある。

依頼者を放置しない

依頼者は，一刻も早く悩みを解消したいと切に願っている。そのため，専門家に依頼すれば直ちに解決すると思い込んでいる者も少なくない。中には，行政書士から一定期間にわたって連絡が途絶えると不安が増長してしまう者もいる。

そこで，たとえ業務が順調に遂行していても，進行状況をメール等で適宜報告する。そうすることで，依頼者は安心できるので行政書士への信頼を厚くする。その結果，依頼者からの協力が得やすくなり，顧客価値の早期実現とそれに伴う早期入金を可能にする。

付録

高い受任率と満足行く報酬を実現する「資料」

1-1　本書を読み解くキーワード

　以下に本書を読み解くためのキーワードを列挙する。本書の理解度を確認するために活用いただきたい。

■1 仕　事

□**仕事**：相手（＝顧客）にとっての価値あるものを提供して成立する。すなわち，顧客価値の実現が仕事を成立させる条件となる。その顧客価値の実現の感謝の証しとして顧客から提供されるのが報酬である。

□**顧客価値**：顧客にとっての価値のこと。すなわち，顧客が今抱えている，先が見えない切実な悩みを，可及的速やかに解消すること。

□**専門知識**：顧客価値を実現するために求められる，特定の分野における一定以上の知識のこと。「高い受任率と満足行く報酬」を実現する基盤となる。

□**営業力**：実際にターゲット顧客や相談者を依頼者に変える力。すなわち，自分が提供するサービスの価値を認めさせてお金（報酬）を支払わせるまで持っていく力のこと。

■2 「失敗」と「成功」

□**失敗**：集客（面談）できても受任に至らないケースが多く（＝低い受任率），受任できたとしても不本意な報酬に甘んじるケースが続き，負のスパイラルに陥ってしまう状況のこと。

□**負のスパイラル**：失敗が常態化してなかなかその状態から抜け出せない状況の様子。

□**成功**：面談したら満足行く報酬でほぼ受任でき（＝高い受任率）ることが恒常

化して，長期利益を実現すること。

❸ 7つのプロセス

□ **7つのプロセス**：行政書士が取り扱う全ての業務（分野）に通底する実務脳の習得から業務完遂までの手順のこと。具体的には，「準備①」→「アプローチ」→「引合い」→「準備②」→「面談」→「業務遂行」→「アフターフォロー」の以上7つの過程を指す。

□ **準備①**：取扱う業務の専門レベルの知識を習得する場。すなわち，実務に対応可能な実務脳を習得するポジションである。「高い受任率と満足行く報酬」を実現する基盤になる。

□ **脳の SEO 対策**：「いざ！」というときに真っ先にターゲット顧客の頭に浮かぶ存在になるための施策のこと。

□ **いつ・どこセミナー**：開業前に，自分が専門にしようとする分野に興味がある者に，その分野の情報を提供すること。実務脳の習得およびターゲット顧客の開拓に役立つ。

□ **ありがとうセミナー**：開業後に，友人・知人等の顔がわかる者を招待して，開業できた感謝を込めて催すセミナーのこと。いつ・どこセミナーと同様に，実務脳の習得およびターゲット顧客の開拓に役立つ。

□ **アプローチ**：ターゲット顧客に自分の存在と利用価値を伝える場。いわゆる「営業」と言われる。「いざ！」という時に真っ先に頭に浮かぶ存在になる対策（「脳の SEO 対策」）を施す。

□ **引合い**：ターゲット顧客から相談のオファー（＝申込み）を受ける場。この時点でターゲット顧客は相談希望者に変わる。引合いの目的は，相談希望者を

面談のステージに引き上げることである。

□**引合いメモ**：相談希望者から引合いが来た時に備えて，情報収集を迅速かつ
的確にするために，ヒアリングの要点項目が記載されたメモのこと。

□**準備②**：面談の場で受任するための準備を，引合いで収集した相談希望者か
らの情報に基づいて行う場。

□**面談シート**：面談で的確に情報を収集するための要点（項目）を記載した
シートのこと。

□**ロードマップ**：顧客価値を実現するまで，すなわち，相談者が抱えている先
の見えない切実な悩みを解消するための業務着手から業務完了までの道筋を
描いたもの。

□**仮・ロードマップ**：引合いで得た情報を基に，相談者に顧客価値の実現まで
の道筋を面談で提示するために大筋（アウトライン）を「準備②」の段階で描
いたもの。面談では，相談者からヒアリングした情報を仮・ロードマップに
加筆等してロードマップとして完成させる。

□**仮・見積書**：面談で，相談者に報酬および実費相当額を提示するためにあら
かじめ用意する見積書のこと。面談では，相談者からヒアリングした情報を
仮・見積書に加筆等して見積書として完成させて，ロードマップと合わせて
提示する。

□**面談**：相談者との実質的なファーストコンタクトの場である。また，「相談
者」を「依頼者」に変える場でもある。成功，すなわち「高い受任率と満足
行く報酬」を実現するという観点から「7つのプロセス」の中で最も重要な
プロセスといえる。

　高い受任率と満足行く報酬を実現するためには，面談で相談者から「信頼」を勝ち得ることができるレベルのパフォーマンスを披露することが求められる。また，面談の出来は，受任後の業務遂行の速度にも影響を及ぼす。

□**携帯ホワイトボード**：クリップボードにA3用紙を半分に折って挟み，これをホワイトボードの代わりに使用する。顧客との打合せのメモに使用して，必要に応じて相手に見せながら説明する。また，顧客に写しを渡すことでコミュニケーションツールとしても活用できる。

□**終了時確認メモ**：今回の打合せで決まったこと（打合せ内容の確認事項，決定事項ならびに次回の提出書類，検討事項等）を箇条書きしたメモのこと。このメモを依頼者に手渡すことで，依頼者とのコミュニケーションが円滑になり，速やかな業務遂行につながる。

□**業務遂行**：受任後から業務完了（報酬の受領を含む）までの一連の流れの場を指す。「依頼者が抱えている悩みを速やかに解消する」ことを強く意識してスピード重視の姿勢で臨むことが大切である。

□**パートナー**：信頼できる司法書士，税理士等の他士業のこと。行政書士の業務では，業際の関係上，パートナーの関与がなければ，顧客価値を実現することが不可能な案件が多い。したがって，信頼できるパートナーとの良好な関係構築が，顧客価値の早期実現のポイントとなる。

□**アドバイザー**：受任した案件を熟知した信頼できる行政書士のこと。

□**アフターフォロー**：業務が完遂した後に依頼者と継続的にコンタクトをとる場。既存依頼者（＝業務が完了した依頼者）をリピーターに変えることで長期利益を生み出す源泉となる。

４ 受任と報酬

□受任率：「受任件数」を「面談の件数」で除した数字のこと。

受任率＝受任件数÷面談の件数 (注)

(注)「面談の件数」には，行政書士が倫理，業際等の「正当な事由」(行政書士法 11 条) により自らの意思で受任をしなかった件数は除く。

□報酬：顧客が顧客価値を提供した専門家への感謝の証として支払う対価のこと。

□不本意な報酬：案件の難易度および業務量を勘案して算出した見積額を下回る報酬額のこと。

□実務脳：面談の場で顧客価値実現までの道筋を俯瞰できて，顧客価値を速やかに実現できる思考回路のこと。

　　具体的には，相談者に，面談の場で，相談者が抱えている先の見えない切実なレベルの悩みを解決する道筋（＝方法と手順）を読み抜き，その道筋（ロードマップ）を相談者に提示し，受任後に速やかに業務を遂行できる能力を指す。実務脳の習得は高い受任率と満足行く報酬を実現する前提条件となる。

□満足行く報酬：案件の難易度および業務量を勘案して算出した見積額の同等以上の報酬額のこと。

□利益：収入からコストを引いたもの。つまり，依頼者が支払う金額の水準とそれを得るのにかかる金額の差分のこと。

□長期利益の実現：あらゆる仕事が目指す最終的なゴール。

⑤ 顧　客

□**顧客**：「ターゲット顧客」「相談希望者」「相談者」「依頼者」および「既存依頼者」の総称。

□**ターゲット顧客（見込み客）**：「準備①」で習得した専門知識を必要としている，もしくは必要とするであろう者。

□**相談希望者**：面談を希望する者のこと。

□**相談者**：面談で行政書士に相談している者のこと。受任前の状態である。

□**依頼者**：行政書士に依頼をした者。受任後の状態である。

□**既存依頼者**：行政書士が顧客価値を実現したことにより，信頼関係を構築した者のこと。

□**リピーター**：行政書士が過去に提供した仕事に満足して再び依頼をする者のこと。

□**キーマン**：その者の背後に，将来顧客となる可能性がある相談者がいる者のこと。

1-2　行政書士の「懲戒制度」

① 行政書士の処分（行政書士法14条）

行政書士法は，行政書士に対して次の処分制度を設けている。

①　一般国民から懲戒請求される（行政書士法14条・14条の3）

　一般国民は，行政書士が行政書士法もしくはこれに基づく命令，規則その

他都道府県知事の処分に違反したとき又は行政書士たるにふさわしくない重大な非行に該当する事実があったと思慮するときは，当該行政書士の事務所の所在地を管轄する都道府県知事に対し，当該事実を通知し，適当な処分を求めることができる。

②　懲戒の内容（行政書士法14条）

都道府県知事は，行政書士が行政書士法もしくはこれに基づく命令，規則その他都道府県知事の処分に違反したとき又は行政書士たるにふさわしくない重大な非行があったときは，下記【図表19】の処分をすることができる。

③　懲戒処分の公告（行政書士法14条の5）

都道府県知事は，行政書士法第14条の規定により行政書士を処分したときは，遅滞なくその者を都道府県の公報をもって公告しなければならない。

④　所属する行政書士会による懲戒処分

行政書士の法規違反および会則の違反に対し，制裁的な会員処分が行われる旨，行政書士会会則で定められている。これは，懲戒処分の一種と解される。

【図表19】懲戒処分の3段階とその法効果（法14条）

	処　分	法　効　果
①	戒告	法規違反等について将来を戒める懲戒処分の最も軽い段階である。それが公告されることで制裁効果がある（行政書士法14条の5）。
②	2年以内の業務停止	法的に行政書士業務に従事することが禁止されるので，法規に基づく次の不利益効果が伴う。 ①日本行政書士会連合会（日行連）への行政書士証票の一時返還義務（行政書士法7条の2第1項後段） ②行政書士事務所表札を期間中外す義務（行政書士法施行規則2条の14第2項）

		③所属行政書士会への届出義務（東京都行政書士会会則 27 条等） ④期間中は行政書士法人の社員になれない（行政書士法 13 条の 5 第 2 項 1 号）
③	業務禁止	事の性質上，停止処分以上の次の不利益効果が生ずる。 ①所属行政書士会への届出義務（東京都行政書士会会則 27 条等） ②向こう 3 年間の行政書士の欠格事由該当（行政書士法 2 条の 2 第 7 号） ③日行連への欠格該当の届出義務（行政書士法施行規則 12 条 1 号） ④日行連による登録抹消（行政書士法 7 条 1 項 1 号） ⑤登録抹消により，行政書士証票の返還義務と所属行政書士会の自動退会（行政書士法 7 条の 2 第 1 項前段，16 条の 5 第 3 項）

参考：『行政書士法コンメンタール新 10 版』P149・150

1-3　参考文献

本書を著すにあたり，次の文献を参考にさせていただいた。

・『ストーリーとしての競争戦略』（楠木健　東洋経済新報社）
・『経営センスの論理』（楠木健　新潮新書）
・『佐藤可士和の打ち合わせ』（佐藤可士和　ダイヤモンド社）
・『「箇条書き」を使ってまとまった量でもラクラク書ける文章術』（橋本淳司　大和書房）
・『行政書士法コンメンタール　新 10 版』（兼子仁　北樹出版）
・『詳解　行政書士法　第 4 次改訂版』（地方自治制度研究会　ぎょうせい）

おわりに
～「好き」を仕事にする～

　仕事には「相手」がある。その相手にとっての価値である「顧客価値」を実現することで仕事は成立する。そして、「報酬」は、顧客価値実現の感謝の証しとして相手である依頼者から支払われるもの。私は、この仕事と報酬の原理原則に基づいて本書を著しました。

　依頼者の顧客価値は、「今、自分が抱えている先の見えない切実な悩みを、速やかに解決すること」です。そして、顧客価値を速やかに実現するには、インターネットなどで自分の悩みの解決方法を調べ尽した"セミプロ化"した相談者が、「さすがは専門家」と言わしめる専門性を有していなければふつうは困難です。

　専門性を有するにはそれ相当の"頭"の準備が伴います。一朝一夕に習得しようと思ってもそうは問屋は絶対に卸しません。その準備を「頑張って」「必死に」やるのでは正直辛い。辛いことは長く続かないのが世の常。しかし、「好き」なことであれば、「相当の準備」も苦も無くできるはずです。

　幸い、行政書士は行政書士法によって広範な業務が付与されている「分野不特定」の法律資格です。その特性を十分に活用すれば、自分の「好き」なことを仕事にできるはずです。

　「好き」なことを行政書士という資格を活かして（または利用して）仕事にして、その専門性によって依頼者の顧客価値を実現し、満足行く報酬を得る。このような循環ができれば、結果として、充実した生活と「行政に関する手続の円滑な実施に寄与し、あわせて、国民の利便に資する」（行政書士法第1条）という行政書士の目的が達成できるのではないでしょうか。

皆さんの仕事にとって，少しでも意味のある何かを本書から汲み取っていただけたら，これ以上の喜びはありません。最後までお付き合いいただき，本当にありがとうございました。

著者紹介

竹内　豊（たけうち　ゆたか）
1965年　東京に生まれる
1989年　中央大学法学部卒，西武百貨店入社
1998年　行政書士試験合格
2001年　行政書士登録
2017年　Yahoo! JAPANから「Yahoo! ニュース個人」のオーサー（書き手）に認定される。
　　　　テーマ：「家族法で人生を乗り切る。」
2020年　講談社から「現在ビジネス」のオーサーに認定される。
現　在　竹内行政書士事務所　代表
　　　　行政書士合格者のための開業準備実践ゼミ　主宰
　　　　http://t-yutaka.com/

事務所のコンセプトは「遺言の普及と速やかな相続手続の実現」。その一環として，「行政書士合格者のための開業準備実践ゼミ」（行開ゼミ）やブログを通じて実務家の養成に努めている。

また，「家族法で人生を乗り切る」をテーマにYahoo! ニュースに日々記事を提供している。

【主要著書】

『行政書士のための遺言・相続実務家養成講座（新訂第2版）』2020年，税務経理協会

『行政書士合格者のための開業準備実践講座（第2版）』2018年，税務経理協会

『親が亡くなる前に知るべき相続の知識，相続・相続税の傾向と対策〜遺言のすすめ』（共著）2013年，税務経理協会

『親に気持ちよく遺言書を準備してもらう本』2012年，日本実業出版社

『親が亡くなった後で困る相続・遺言50』（共著）2011年，総合法令出版

【監修】

『行政書士のための新しい家族法務実務家養成講座』2018年，税務経理協会

『行政書士のための建設実務家養成講座』2016年，税務経理協会

『99日で受かる！　行政書士試験最短合格術』2018年，税務経理協会

【実務家向けDVD】

『遺言・相続実務家養成講座』2018年

『落とし穴に要注意！　遺言の実務Q&A 72』2017年

『わけあり相続手続　現物資料でよくわかるスムーズに進めるコツ大全集』2017年

『相続手続は面談が最重要　受任率・業務効率をアップする技』2016年

『銀行の相続手続が「あっ」という間に終わるプロの技』2016年

『遺言書の現物17選　実務"直結"の5分類』2015年

『現物資料61見本付！　銀行の相続手続の実務を疑似体験』2015年

『遺産分割協議書の作成実務　状況別詳細解説と落とし穴』2015年

『銀行の相続手続　実務手続の再現と必要書類』2015年

『作成から執行まで　遺言の実務』2014年

『そうか！遺言書にはこんな力が　転ばぬ先の遺言書　書く方も勧める方も安心の実行術』2013年

『自筆証書遺言3つの弱点・落とし穴　そこで私はこう補います』2013年

『夫や親に気持ちよく遺言書を書いてもらう方法』2012年

以上お申込み・お問合せ

株式会社レガシィ

【主要取材】

『女性自身』～「特集 妻の相続攻略ナビ」2019年3月26日号

文化放送「斉藤一美ニュースワイド SAKIDORI」～「相続法，どう変わったの？」2019年1月14日放送

『はじめての遺言・相続・お墓』～2016年3月，週刊朝日 MOOK

『週刊朝日』～「すべての疑問に答えます！ 相続税対策Q&A」2015年1月9日号

『ズバリ損しない相続』2014年3月，週刊朝日 MOOK

『朝日新聞』～「冬休み相続の話しでも」2013年12月18日朝刊

『週刊朝日』～「不動産お得な相続10問10答」2013年10月8日号

『週刊朝日臨時増刊号・50歳からのお金と暮らし』2013年7月

『週刊朝日』～「妻のマル秘相続術」2013年3月8日号

『週刊朝日』～「相続を勝ち抜くケース別Q&A 25」2013年1月25日号

『週刊朝日』～「2013年版"争族"を防ぐ相続10のポイント」2013年1月18日号

『婦人公論』～「親にすんなりと遺言書を書いてもらうには」2012年11月22日号

『週刊 SPA!』～「相続＆贈与の徹底活用術」2012年9月4日号

【主要講演】

東京都行政書士会，栃木県行政書士会，朝日新聞出版，日本生命，ニッセイ・ライフプラザ，新宿区，板橋区，新宿区社会福祉協議会，公益社団法人成年後見支援センターフィルフェ，税理士法人レガシィ，NPO法人日本ファイナンシャル・プランナーズ協会　他

［メディア］

Yahoo! ニュース個人　オーサー（テーマ「家族法で人生を乗り切る。」）

ヤフー　竹内豊　〔検索〕

著者との契約により検印省略

令和2年5月10日　初版第1刷発行

行政書士のための
「高い受任率」と「満足行く報酬」
を実現する心得と技

著　者　竹　内　　　豊
発　行　者　大　坪　克　行
印　刷　所　美研プリンティング株式会社
製　本　所　牧製本印刷株式会社

発　行　所　〒161-0033 東京都新宿区
　　　　　　下落合2丁目5番13号

株式
会社　税務経理協会

振　替　00190-2-187408
ＦＡＸ　(03)3565-3391

電話　(03)3953-3301（編集部）
　　　(03)3953-3325（営業部）

URL　http://www.zeikei.co.jp/
乱丁・落丁の場合は，お取替えいたします。

ISBN978-4-419-06662-8　C3034